AF542591

ENCYCLOPÉDIE ÉLECTROTECHNIQUE

PAR

UN COMITÉ D'INGÉNIEURS SPÉCIALISTES

F. LOPPÉ, INGÉNIEUR DES ARTS ET MANUFACTURES
SECRÉTAIRE

MATÉRIAUX ÉLECTROTECHNIQUES
NON ISOLANTS

PAR Paul RUDHARDT

ANCIEN CHEF DES LABORATOIRES DE RECHERCHES
DE LA COMPAGNIE DE L'INDUSTRIE ÉLECTRIQUE ET MÉCANIQUE DE GENÈVE
RÉDACTEUR EN CHEF DE LA REVUE POLYTECHNIQUE SUISSE.

Premier Partie

PARIS

LIBRAIRIE DES SCIENCES ET DE L'INDUSTRIE
L. GEISLER, IMPRIMEUR-ÉDITEUR

1, Rue de Médicis, 1

1909-10

Fascicule 24.

Première Partie

MATÉRIAUX ÉLECTROTECHNIQUES

NON ISOLANTS

PREMIÈRE PARTIE

CHAPITRE PREMIER

Les fers et aciers employés en électrotechnique

GÉNÉRALITÉS

L'extension extrêmement rapide des installations électriques, la nécessité, pour lutter contre les autres modes de production de la force ou de l'éclairage, de diminuer les prix de revient, ont amené les constructeurs à profiter de toutes les découvertes scientifiques capables de leur venir en aide, et au besoin à solliciter et favoriser toutes les recherches dirigées dans ce but.

Une question d'une grande importance pour l'industrie électrique a surtout été l'objet d'études spéciales, c'est celle des fers et aciers, eu égard à leurs qualités magnétiques.

On sait, en effet, que les pertes totales dans les machines dynamo-électriques se décomposent en :

1° Pertes dans le cuivre ;

2° Pertes dans le fer ;

3° Pertes par frottements, ventilation, etc.

Les pertes dans le fer pouvant être admises comme représentant environ le 45 % des pertes totales, il est donc de toute importance, si l'on veut obtenir un bon rendement, d'avoir dans les tôles ou dans l'acier, fonte, etc., le minimum de pertes possible.

Il y a quelques années encore, le calcul des machines dynamos n'avait pas la précision qu'il a atteinte aujourd'hui ; dans l'impossibilité où l'on était de trouver des tôles avec faibles pertes, on prenait, dans le calcul, une marge suffisante pour éviter tout aléa, mais cela se traduisait surtout par des dimensions et des poids considérables qui ne rendaient pas ces constructions économiques.

Maintenant, vu la concurrence outrancière, les ingénieurs sont obligés à une meilleure utilisation des matières premières et nous avons une connaissance plus sûre et plus complète de plusieurs phénomènes d'une grande importance.

Qualités des tôles et aciers

Quelles sont donc les qualités que l'on est en droit d'exiger de tôles ou d'aciers pour la construction de machines électriques?

Ces qualités sont au nombre de quatre :

1° Une faible *perte hystérésitique*, mesurable soit par l'hystérésimètre d'Ewing, soit par celui de Blondel-Carpentier ; les tôles de qualité supérieure peuvent ne donner comme coefficient de Steinmetz, que 0,0009 à 0,0010 (on arrive même à 0,0007) ; lors des essais de réception, on peut admettre comme bonnes toutes les tôles ne dépassant pas 0,0020 ;

2° Une bonne *perméabilité* mesurable par le perméamètre de Picou ;

3° Une résistance électrique aussi grande que possible, et variant, pour les qualités supérieures, entre 25 et 35 microms-centimètre ;

4° Enfin, les tôles ne doivent pas être modifiées par le *vieillissement artificiel.*

En effet, tous ceux qui s'occupent d'essais de tôles d'acier savent que des échantillons, soigneusement étalonnés lors de leur arrivée à l'usine, se modifient parfois d'une façon notable par une *recuite* prolongée à 100-140°, par des trépidations répétées, etc.

D'autre part, ainsi que nous le verrons, des tôles jugées mauvaises après essai peuvent être considérablement améliorées par un recuit au rouge et un refroidissement très lent.

Ces phénomènes, que l'on observait sans pouvoir en donner une explication suffisante, sont maintenant complètement définis, depuis que des savants, parmi lesquels il faut notamment citer Osmond, Roozeboom, Van-t-Hof, etc., ont établi les différents états dans lesquels peuvent se trouver les fers et aciers et qui constituent ce que l'on appelle la doctrine des phases.

I. — Points critiques du fer pratiquement pur

Lorsqu'on laisse le fer se refroidir lentement depuis son point de fusion (1600°) jusqu'à la température ordinaire, on constate que la température ne diminue pas d'une façon continue.

En certains points de la courbe de refroidissement tracée en fonction du temps, il existe des températures stationnaires. La température s'abaisse à peine pendant ces temps d'arrêts. Cela tient évidemment à un dégagement de chaleur provenant d'un changement moléculaire — changement d'état ou de phase — dans le métal.

C'est ce dégagement de chaleur qui compense temporairement les pertes calorifiques et maintient quelque temps la température stationnaire.

Inversement, si l'on chauffe le fer depuis la température ordinaire jusqu'à 1600°, on trouve qu'en certains points de la courbe d'échauffement, tracée en fonction du temps, la température cesse momentanément de s'élever. Il y a donc absorption de chaleur en ces points.

Les températures auxquelles correspondent les arrêts temporaires dans le refroidissement ou l'échauffement se nomment *températures* ou *points critiques.*

Lorsque le refroidissement ou l'échauffement ne sont pas extrêmement lents, les points critiques de refroidissement ne correspondent pas tout à fait à ceux d'échauffement ; il y a hystérésis thermique. Ces écarts de température peuvent s'annuler si l'on opère avec assez de lenteur, et le phénomène hystérésitique disparaît, contrairement à ce qui se passe pour l'hystérésis magnétique. On sait, en effet, que la perte hystérésitique est indépendante de la rapidité de parcours d'un cycle magnétique.

États allotropiques du fer pratiquement pur

On appelle allotropie la propriété en vertu de laquelle un même corps peut présenter plusieurs états doués de propriétés différentes.

Plusieurs corps, tels que le soufre, le phosphore, le fer, le sélénium, le carbone, le silicium, l'oxygène, etc., peuvent affecter, sans subir aucune altération chimique, des états très différents.

Le phosphore rouge est très différent du phosphore blanc, et cependant, par l'action de la chaleur, ainsi que nous l'avons vu pour le fer, on peut passer de l'un à l'autre sans y rien ajouter ni en rien retrancher : poids égaux de l'un et de l'autre donnent en brûlant un même poids d'acide phosphorique.

Dans certains corps, il est possible de fixer, par un brusque refroidissement, ainsi que nous le verrons pour le fer, des états allotropiques qui n'existent pas à la température ordinaire.

Contrairement au soufre normal, si l'on coule ce corps dans l'eau froide pendant que sa température est d'environ 250°, il devient amorphe et élastique ; mais il est certain que ce soufre élastique solide est instable à toute température ; il a été comme surpris et figé par la trempe dans un état qui n'est stable que pendant la fusion.

A chaque forme correspond donc un intervalle de température où elle se produit à l'exclusion de tout autre.

Le fer existe sous plusieurs états, dont trois sont parfaitement reconnus depuis les recherches de M. Osmond. Ces états sont stables pour des températures déterminées et se nomment : état γ, état β, état α.

Au-dessus de la température de 850° C, le fer n'existe qu'à l'état γ.

Le fer γ *n'est pas magnétique*, mais *dissout le carbone*. La dissolution est à l'état solide entre 1600° et 850°.

Entre 850° et 740°, le fer se transforme brusquement en fer β. Le fer β *n'est pas magnétique* et le *carbone y est insoluble.*

En dessous de 740°, le fer β se transforme progressivement en fer α. Si le refroidissement est assez lent, la transformation est complète à 690°. A cette température, le métal se réchauffe, sa couleur passe spontanément du rouge sombre au rouge vif. Ce phénomène, découvert il y a longtemps par Barrett, est connu sous le nom de *recalescence.*

Nous en reparlerons plus tard.

On peut faire passer le fer de l'un à l'autre de ces états par échauffement ou par refroidissement convenable et cela indéfiniment. On dit alors que les états du fer sont *réversibles.*

II. — Composés carburés du fer

Des points critiques existent également pour les aciers et les fontes. Les températures auxquelles correspondent ces points critiques diffèrent suivant la teneur en carbone.

Les constituants des mélanges fer-carbone, autrement dit les groupements moléculaires que l'on rencontre dans les fers, aciers et fontes suivant leur teneur en carbone et suivant les traitements thermiques subis par le métal, sont :

1° *La ferrite*, ou fer α (fig 1) ;

2° La *cémentite*, ou carbure de fer Fe^3C, contenant 6,6 % de carbone et 93,4 % de fer (fig. 2).

Ces deux constituants, existant en proportions convenables, donnent lieu à un mélange eutectique nommé *perlite* (fig. 3) ;

3° La *sorbite* ;

4° La *martensite* (fig. 6) ;

5° La *troostite* ;

6° L'*austénite* ;

7° La *hardenite*.

Nous n'aurons à nous occuper que des quatre premiers.

* * *

Nous avons dit que les températures auxquelles correspondent ces divers points critiques diffèrent suivant la teneur en carbone.

Il est donc possible de reconnaître la teneur en carbone d'un mélange fer-carbone, par la simple détermination de ces températures critiques.

Celles-ci sont d'ailleurs corrélatives à des phénomènes extrêmement importants et l'on conçoit pourquoi les savants, parmi lesquels il faut citer surtout M. Le Châtelier, ont cherché avec tant de persévérance et créé les pyromètres sûrs et précis dont on dispose actuellement.

Ces passages d'un état à un autre état, très différent comme propriétés, les phénomènes qui accompagnent ces diverses phases dans un corps à l'état solide, ont été spécialement étudiés par le professeur

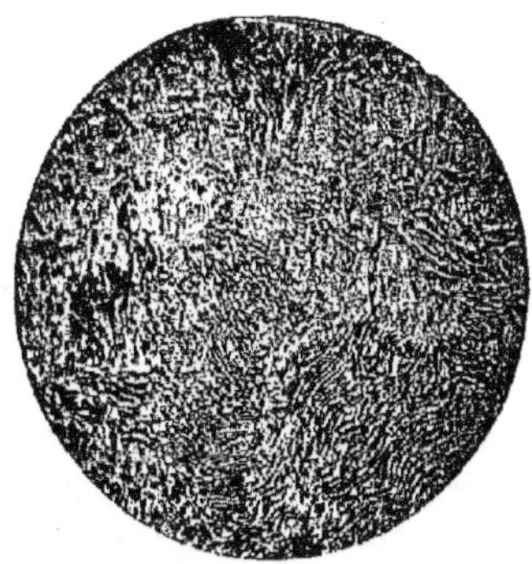

Fig. 1. — Micrographie d'un acier de Gysingue à 0,098 % de carbone.
Ferrite
Grossissement = 1500.
D'après M. C. Matignon.

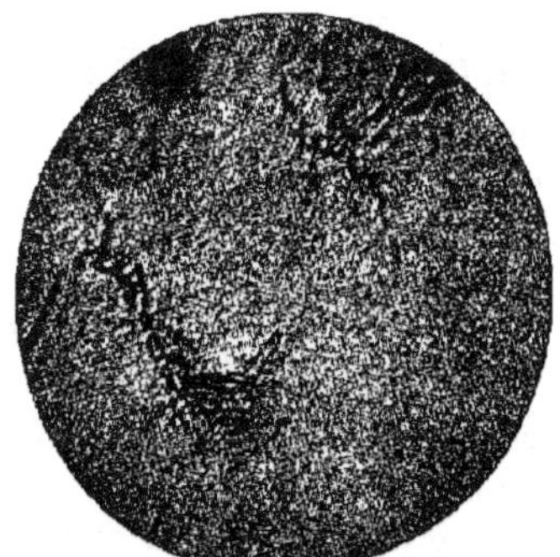

Fig. 2. — Micrographie d'un acier de Gysingue à 0,082 % de carbone.
Perlite avec un peu de cémentite
Grossissement = 1500
D'après M. C. Matignon.

Fig. 3. — Micrographie d'un très bon acier de Sheffield à 0,90 % de carbone.
Perlite
Grossissement = 1500.
D'après M. C. Matignon.

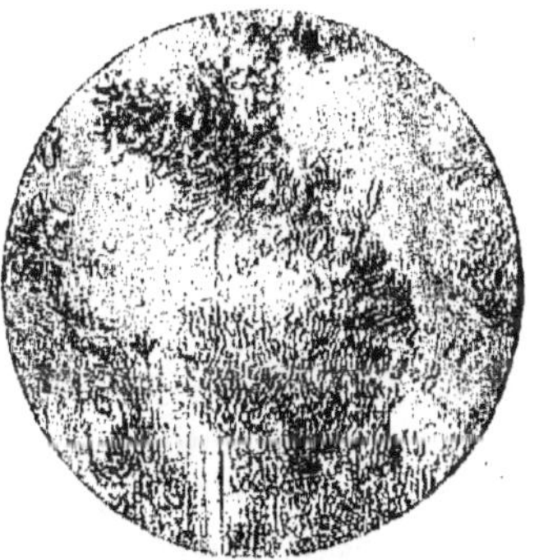

Fig. 4. — Micrographie d'un acier de Gysingue à 0,417 % de carbone.
Ferrite et Perlite
Grossissement = 1500.
D'après M. C. Matignon.

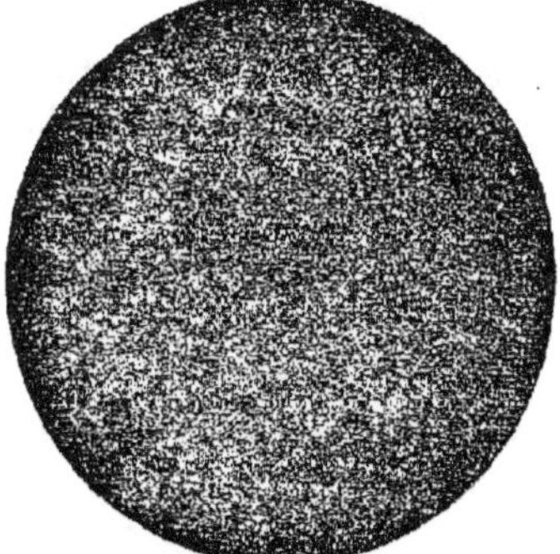

Fig. 5. — Acier dur trempé.
Structure felsitique presque amorphe.
D'après M. Osmond.

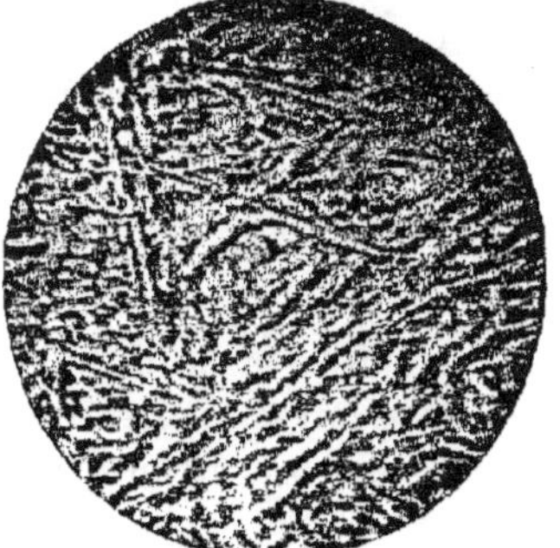

Fig. 6. — Acier dur trempé, montrant la *Martensite*.
Structure lamellaire orientée suivant trois directions. — Grossissement = 1000.
D'après M. Osmond.

Van-t-Hof qui leur a appliqué le terme de solutions solides, et a décrit leur raison d'être.

Il est extrêmement intéressant de voir l'ingénieuse explication qu'en donne le savant chimiste :

« Ce que nous savons aujourd'hui de la nature des solutions liquides ordinaires est d'un enseignement si fécond et d'une si vaste portée qu'on a tenté de faire un nouveau pas et d'appliquer à l'état solide quelques-uns des résultats trouvés pour l'état liquide. C'est avec raison que nous pourrions, dans certains cas, nous servir de l'expression *solutions solides*, car la caractéristique d'une solution, c'est l'homogénéité parfaite, malgré la variation possible de la composition.

« Ainsi le microscope ne peut, dans une solution de sucre, nous faire distinguer les deux substances : le sucre et l'eau ; de même, il ne peut le faire dans un composé tel que le verre coloré ou dans ce qu'on nomme un mélange isomorphe, tel que le mélange de deux aluns. On sait en effet que l'alun ordinaire, incolore, forme lorsqu'il cristallise au sein d'une solution contenant de l'alun de chrome coloré, des octaèdres qui possèdent la coloration de l'alun de chrome plus ou moins affaiblie, et dans lesquels les instruments d'optique les plus délicats ne nous révèlent ni une disposition par couches de composition différente, ni une inhomogénéité quelconque. Nous avons bien ici une solution solide, si elle est amorphe, comme c'est le cas du verre coloré, l'analogie avec une solution liquide est si grande que les deux termes extrêmes peuvent être reliés par une série de solutions plus ou moins solides, pâteuses et liquides, de telle sorte qu'il est impossible d'assigner une démarcation entre le liquide et le solide. Si la solution solide est cristalline, elle ne diffère en principe du liquide que par une orientation intérieure et une disposition régulière des molécules.

« Ce qui est essentiel, c'est que les lois des solutions liquides ont été appliquées avec succès aux solutions solides et que cette application fournit un aperçu des propriétés des formes du fer contenant du carbone ».

* * *

Il n'est pas inutile, avant d'étudier les divers mélanges fer-carbone, d'avoir présentes à l'esprit les caractéristiques des solutions liquides.

On sait tout d'abord qu'un corps ajouté à un liquide (corps fondu ou solution) abaisse le point de solidification, de consolidation de celui-ci.

Ainsi l'eau pure se congèle à 0° sous la pression ordinaire ; mais si nous y ajoutons du chlorure de sodium, elle ne se congèlera plus qu'au-dessous de 0° à des températures progressivement plus basses au fur et à mesure que l'on y ajoutera du chlorure de sodium, mais tendant vers une limite que l'on ne peut dépasser.

En effet, lorsque la température s'abaisse, il y a tendance à la production d'une *solution normale*, laquelle contiendrait 76,5 parties (en poids) de H^2O et 23,5 de NaCl. La substance en excès par rapport à cette solution normale se dépose peu à peu à l'état solide. Si la solution originelle contient trop d'eau par rapport au *mélange eutectique* dont la composition vient d'être indiquée, il se formera de la glace ; s'il y a trop de NaCl, il se déposera de ce sel jusqu'à ce que la solution normale soit atteinte, en supposant que la température s'abaisse suffisamment.

Le premier dépôt (H^2O ou NaCl) se produit à une température définie, dépendant de la composition de la solution; ce dépôt se continue pour tout refroidissement, de telle sorte qu'il y ait toujours équilibre entre la concentration de la solution et la température. Finalement, à la température de — 22° C, le résidu de la solution atteint la composition d'un mélange eutectique et se solidifie en conservant toujours la température eutectique (— 22°) et la composition eutectique (76,5 de H^2O et 23,5 de NaCl).

On verra qu'il en est de même pour les aciers qui ne sont pas autre chose que des dissolutions du carbone dans le fer.

* * *

Nous savons que le fer peut exister sous trois états :

Fer α, ou fer extra-pur, au-dessous de 740° ; fer β existant entre 740° et 850° et fer γ au-dessus de 850°.

Le fer β peut dissoudre du carbone et former ainsi une solution solide, propriété que ne possède pas le fer α. Etant donnée l'analogie entre la température de transformation et le point de fusion d'un corps ainsi que l'analogie des solutions solide et liquide, on prévoit que l'addition de carbone au fer β abaissera la température de transformation de même que la présence d'une substance dissoute abaisse la température de solidification d'un corps fondu ; on peut même, en appliquant les lois des solutions liquides, calculer, comme l'a fait Jüptner, l'abaissement du point de transformation.

Le point de solidification d'un corps fondu ne peut être abaissé indéfiniment par addition de quantités croissantes de la substance dissoute ainsi que nous l'avons vu dans le cas de l'eau (glace fondue) dans laquelle nous avons fait dissoudre du sel (NaCl) ; il en est de même du point de transformation d'une telle solution solide.

Par congélation ou solidification progressive d'une solution liquide, la substance dissoute s'accumule de plus en plus dans la partie liquide, jusqu'à ce qu'elle s'en sépare sous une forme quelconque, par exemple à l'état solide. C'est alors qu'on atteint une limite inférieure de température où tout se solidifie et se transforme en une masse non homogène dont la composition est celle qu'avait la solution liquide au moment de cette solidification.

Il en va de même de la solution solide du carbone dans le fer ; la proportion de carbone dans la ferrite augmente jusqu'à 0,8 %, et la forme sous laquelle se sépare ensuite le carbone, à 670°, est la cémentite (Fe^3C) Ce carbure Fe^3C est une combinaison chimique s'effectuant avec dégagement de chaleur. C'est cet apport de calorique qui produit la recalescence dont nous avons déjà parlé.

Influence d'un refroidissement brusque sur les fers carburés

Lorsque, par un brusque refroidissement, on arrête les transformations allotropiques (ce qui est le cas lors de la trempe, par exemple), le métal ainsi refroidi conserve, au moins en grande partie, l'état sous lequel il existait à haute température avant son refroidissement.

On obtient donc, dans ce métal refroidi, du fer dont l'état stable correspond à une haute température. A froid, cet état du fer devrait être instable ; on le dit *métastable*, car il ne subsiste qu'en vertu d'un faux équilibre.

Ainsi, par exemple, en trempant le fer lorsque la température est nettement supérieure à 850°, le métal contient une certaine quantité de fer γ. Si la température de trempe avait à peine dépassé 740°, on aurait obtenu du fer β. En un mot, un refroidissement brusque empêche les transformations allotropiques, il les arrête.

Un recuit à température peu élevée (120 à 200°), des vibrations répétées, l'effet du temps à la température ordinaire, peuvent détruire ce faux équilibre. Les propriétés mécaniques se trouvent modifiées et le phénomène est particulièrement sensible pour certains aciers, qui deviennent fragiles avec le temps.

Les propriétés magnétiques peuvent également se transformer, et *le vieillissement des tôles d'acier doux en est un exemple.*

* * *

Nous avons déjà indiqué quels sont les constituants des mélanges fer-carbone, autrement dit les groupements moléculaires que l'on rencontre dans les fers, aciers et fontes suivant leur teneur en carbone et suivant les traitements thermiques subis par le métal. Prenons comme exemple un métal à 0,18 % de carbone, constituant un acier doux de qualité ordinaire pour carcasses magnétiques de dynamos ; cet acier commence à se solidifier à 1580° et la solidification est complète à 1560°.

Le mélange solide est formé, à ce moment, de fer γ et de cristaux mixtes ; il subsiste tel quel jusqu'à 850°. Alors commence la transformation du fer γ en fer β. A 740° s'opère celle du fer β en fer α, les cristaux mixtes subsistent toujours.

Enfin, en dessous de 690°, le métal est formé de fer α (ferrite) et du mélange eutectique (ferrite + cémentite = perlite).

Si le métal est refroidi trop rapidement entre 850° et 690°, les transformations peuvent rester fort incomplètes, et dans le mélange froid, on est exposé à rencontrer une certaine quantité de fer γ et de cristaux mixtes. Or, on sait que ces derniers composés sont fort peu magnétiques ; leur présence diminue donc la perméabilité du métal.

III. — Influence des états physiques sur les qualités magnétiques des fers et aciers

Nous venons de voir l'importance des états physiques sur les qualités magnétiques des fers et aciers ; lorsqu'on réfléchit que toutes les transformations correspondant aux divers points critiques se produisent pendant la solidification dans le moule, pour les carcasses de dynamos coulées en acier doux, on est toujours en droit de se demander si le refroidissement a été assez lent pour permettre le jeu complet des phases. Les fondeurs étant assez souvent pressés de démouler, on estimera certainement qu'il est intéressant de se rendre compte du résultat du travail de fonderie.

Si l'on ignore dans quelles conditions le refroidissement s'est opéré, il est toujours possible d'éliminer le fer γ et les cristaux mixtes. Il suffit en effet pour cela de recuire l'acier et de le maintenir quelque temps à une température convenable, température précisément comprise entre 690° et 740° ; on laisse refroidir ensuite très lentement.

Il est évident que tout recuit exécuté à une température inférieure à 690° est inefficace, le point critique n'étant pas atteint. Quant à la durée du recuit, elle dépend de la masse des pièces ; on peut juger de l'inefficacité du recuit en analysant au microscope un fragment du métal refroidi. Cette analyse montre si les constituants sont uniquement composés de ferrite et de perlite (ce qui doit être) ou s'il est resté des constituants non transformés.

En chauffant, par exemple, la pièce au-dessus de 800° et en la trempant ensuite dans l'eau froide, l'analyse fait voir qu'il peut y avoir, dans ces conditions, absence presque complète de ferrite et de perlite dans le métal ainsi refroidi brusquement. Un tel métal présenterait de très médiocres qualités magnétiques.

Dans les fonderies livrant des aciers pour l'industrie électrique, on recuit très complètement et très soigneusement les pièces coulées, car il est compréhensible que rien n'est moins homogène qu'un gros noyau d'électro en acier coulé. Si les parties centrales peuvent être complètement transformées, les parties extérieures risquent parfois de contenir une notable proportion de fer et de cristaux mixtes.

Le flux prévu sera alors plus coûteux à obtenir et l'on pourra, malgré tout, ne pas avoir la place de loger le cuivre nécessaire pour le produire.

Les noyaux en fer forgé, rapportés sur les culasses, sont bien moins sujets à cet inconvénient que ceux venus de fonte. En effet, il a fallu nécessairement en réchauffer notablement le métal avant le forgeage.

Ainsi s'expliquerait la préférence marquée des constructeurs de machines électriques pour les carcasses en acier coulé avec noyaux polaires forgés et rapportés. Cette préférence est souvent justifiée, en outre, par la présence possible de *poches*, souvent de grand volume, rencontrées en plein cœur dans les noyaux d'acier coulé et là où l'on escompte que le métal doit être précisément le meilleur, magnétiquement parlant.

Influence des constituants chimiques sur les qualités magnétiques des fers et aciers

Nous savons que la plus ou moins grande teneur en carbone d'un acier modifie notablement les qualités de celui-ci ; mais il est d'autres substances (impuretés de fabrication, notamment) qui influent sur les qualités magnétiques des aciers et presque toujours d'une façon défavorable.

Tels sont surtout le soufre, le phosphore, le silicium, etc.

Les impuretés non métalliques des aciers sont souvent insolubles et d'autres fois se trouvent si finement disséminées dans le métal qu'on ne peut dire si elles sont, ou non, en solution. Les impuretés métalliques sont, au contraire, toujours à l'état de solution.

Le *silicium* et le *phosphore*, quand ils sont à l'état de silicium, et de phosphore, augmentent la résistance du métal et ne sont pas à classer comme impuretés. Quand ils sont à l'état de silice, silicates et phosphates, au contraire, ce sont des impuretés. S'il y a dans l'acier plus de 0,01 % de silicium, il se trouve en général à l'état de silice et il est nuisible. C'est ainsi que M. Hibbord ayant remplacé, dans l'addition finale d'une opération au four Martin, le ferromanganèse par du ferrosilicium, les lingots ne présentèrent pas de soufflures, mais se réduisaient en poudre dans le laminoir.

Les impuretés se trouvent en plus forte proportion dans le métal décarburé, obtenu sur sole ou au convertisseur, que dans le métal prêt à la coulée ou versé dans la poche.

Dans l'acier Martin, il est bon de laisser quelque temps de repos au métal en fusion avant de faire l'addition de spiégel ou de ferro-manganèse ; l'oxyde de fer de la scorie se combine alors à la silice de la sole et les impuretés du bain métallique s'éliminent.

L'effet des impuretés dans l'acier n'est pas en relation directe avec leur proportion ; il dépend surtout de la forme qu'elles prennent dans le métal. Si elles se trouvent en globules assez gros : $0^{mm}25$ de diamètre par exemple, leur effet est minime ; si elles sont en particules extrêmement petites, au contraire, 1/1000 de millimètre par exemple, elles sont très nuisibles. Sur les parois des soufflures, elles empêcheront en effet le soudage, lors du laminage et du forgeage.

L'addition du *manganèse combat les impuretés*, en les faisant passer à l'état de silicates de Mn fusibles. Le sulfure de fer est décomposé par le Mn et ses éléments passent dans la scorie. L'action du brassage après addition de Mn est très grande, car elle facilite la combinaison avec les diverses impuretés.

La corrosion plus rapide des aciers de qualité inférieure est due certainement à la plus grande proportion d'impuretés qu'ils contiennent.

* * *

Il ne sera pas sans intérêt d'examiner les modifications des propriétés magnétiques du fer au silicium ainsi que les propriétés chimiques de cet alliage en ce qui concerne sa résistance aux agents chimiques.

Le Fe et le Si en se combinant donnent trois composés et il semble qu'il est impossible d'obtenir d'autres combinaisons que les suivantes :

$$Fe^2Si \; - \; FeSi \; - \; FeSi^2.$$

Si du fer allié à différentes proportions de Si est soumis à l'influence d'un électro-aimant excité par un courant d'intensité constante, la puissance d'attraction de celui-ci diminue proportionnellement à l'augmentation de la quantité de Si dans l'alliage jusqu'à ce qu'on ait atteint la proportion de 20 % de Si, correspondant à Fe^2Si ; il se produit alors une inflexion brusque dans la courbe. Au delà de ce point, l'action magnétique diminue encore, d'une façon régulière, jusqu'à FeSi (33,3 % de Si), où il se produit une autre interruption, et le même fait a aussi lieu en arrivant à $FeSi^2$ (50 % de Si). Sauf à ces trois points, le magnétisme diminue proportionnellement à l'augmentation du Si.

Le silicium communique au fer des propriétés chimiques tout à fait caractéristiques, dont la plus remarquable est la résistance aux acides, sauf l'acide fluorhydrique. Il faut, pour que le ferro-silicium ne soit pas du tout attaqué, que la proportion de 20 % de Si (Fe^2Si) soit dépassée, c'est-à-dire que ces alliages spéciaux ne peuvent être obtenus qu'au four électrique qui seul permet d'obtenir des alliages à haut pourcentage de Si.

* * *

Si l'on pense à la façon de procéder pour l'obtention de fers carburés au moyen du Bessemer, on comprend qu'il est parfois difficile d'éliminer toutes les impuretés.

Celles-ci produisent, par leur combustion, l'échauffement au sein de la masse métallique, mais l'énergie calorifique dépend de la quantité de ces matières et il devient nécessaire de terminer la fabrication de l'acier en même temps que la combustion des éléments étrangers ; la durée de l'opération se trouve ainsi fixée à l'avance par la quantité des éléments combustibles préexistants. Cette opération limitée s'oppose à la préparation d'aciers bien déterminés tandis qu'il faudrait pouvoir obtenir la mise au point d'aciers de nuances définies dans les limites les plus étroites.

Ces faits ont conduit les métallurgistes, aujourd'hui où le four électrique est entré dans la grande pratique industrielle, à tenter électriquement la métallurgie des fers et aciers. Les résultats ont été tels que de nombreuses usines offrent, à l'heure actuelle, des *aciers électriques*.

Ainsi que nous le verrons, la haute température du four électrique permet non seulement la carburation directe, mais, ce qui est beaucoup plus important, elle rend possible la formation de laitiers ultra-basiques, infusibles au Martin, grâce auxquels l'élimination des impuretés : soufre, phosphore, etc., peut être poussée à un degré jusqu'ici irréalisable. Cette propriété particulière du four électrique permet donc de produire des aciers de grands prix avec des matières premières inférieures.

Pour bien comprendre tout l'intérêt d'un semblable progrès, il convient de remarquer que tous les aciers fins dérivaient jusqu'ici de minerais très purs, par une série d'opérations extrêmement soignées. Ces minerais extra-purs sont rares en Europe et n'existent un peu abondamment qu'en Suède.

IV. — Aciers électriques

En 1876-79, Sir William Siemens faisait les premiers essais de réduction électrique des minerais de fer, sans grand succès, du reste ; la question ne fut reprise que 20 ans plus tard par Stassano en 1898 et Héroult en 1900. Elle a progressé depuis, et nombreuses sont maintenant les usines utilisant l'énergie électrique comme agent de fusion du fer et de l'acier. Elles peuvent se diviser en deux groupes distincts.

Le premier se propose d'obtenir les mêmes métaux qu'avec les anciens appareils sidérurgiques, hauts fourneaux, four Siemens-Martin, four à creuset, mais cherche à diminuer les frais d'exploitation en utilisant les conditions locales, comme par exemple l'emploi de la force hydraulique bon marché au lieu de charbon trop cher.

Le deuxième groupe associe le nouveau procédé aux anciennes installations ; il s'ensuit un taux plus élevé des frais de fabrication, compensé cependant par la supériorité des produits obtenus.

L'emploi du four électrique est particulièrement avantageux aux points de vue suivants :

1° Les températures très élevées obtenues par ce procédé permettent de maintenir fluides des scories très basiques ; les réactions chimiques peuvent avoir lieu, dans la suite, dans des conditions aussi rapides que favorables ;

2° Cette même température permettra de traiter, dans le but d'obtenir des aciers de marque, des fontes brutes et des riblons ordinaires contenant généralement un assez fort pourcentage d'impuretés, tandis que le procédé au creuset nécessite, pour obtenir un métal de même qualité, des produits très purs, et, de ce chef, d'un coût onéreux ;

3° La température du bain, du moins pour certains types de fours, peut être facilement réglée en faisant varier le courant électrique, source de chaleur ;

4° Dans ces fours, les réactions ont pratiquement lieu à l'abri de l'air et sans l'intervention de gaz étrangers, ce qui permet d'obtenir des produits exempts de gaz occlus et de scories.

Fours électriques

Tous ou presque tous les fours électriques utilisés dans la sidérurgie moderne sont une combinaison, à chauffage électrique, du four Siemens et du four à creuset. En principe, on chauffe deux couches de matière fondue dont la conductibilité diffère, le courant traversant ces deux couches placées soit en série, soit en parallèle, suivant le type du four.

La différence essentielle entre les divers types de fours réside dans la transformation de l'énergie électrique en chaleur. Le principe initial des quatre principaux types se résume dans : *a*) la lampe à arc ; *b*) la lampe à incandescence ; *c*) le transformateur statique à courant alternatif.

Fours à arc. — Les fours à arc se divisent en deux groupes : d'une part, ceux où le bain constitue un des pôles de l'arc et où, par suite, le chauffage se fait par l'arc et l'effet Joule, c'est le type des fours Héroult et Girod, connus sous le nom de fours à arc direct ; d'autre part, les fours à arc indirect où la charge est uniquement chauffée par la chaleur rayonnante de l'arc (type du four Stassano et de l'ancien haut fourneau électrique Grônwall, Sindbloche et Stalbane).

Les caractéristiques des fours à arc se fixent comme suit :

1° L'effet Joule n'apporte aucune action thermique notable ;

2° Le bain est chauffé par l'arc en un ou plusieurs points de sa surface et la chaleur se propage par conductibilité ;

3° On emploie des électrodes de charbon qui soustraient à son véritable but une partie de l'énergie par suite de leur résistance intrinsèque et du refroidissement de leur surface d'entrée dans le four.

Fours à résistance. — Le troisième groupe de fours, basé sur le principe de la lampe à incandescence, utilise l'effet Joule. Il consiste à intercaler, dans un circuit électrique, le bain métallique placé dans une rigole réfractaire, longue et étroite ; c'est le dispositif de Gin, Brown, etc.

Fours à induction. — Le quatrième groupe, représenté par les fours de Kjellin et de Röchling Rodenhauser, représente en somme un transformateur dont le primaire (bobine fixée sur un noyau de fer doux) est traversé par le courant électrique et dont le secondaire est constitué par une seule spire en court-circuit (le bain d'acier lui-même), qui s'échauffe par induction du primaire.

Les caractéristiques de ces fours, plus fréquemment dénommés fours à induction, sont les suivantes :

1° L'énergie électrique est transformée en chaleur uniquement par effet de l'induction ;

2° Le bain est chauffé de façon uniforme dans toute la section et non plus par la surface ;

3° Il n'y a plus besoin d'électrodes, le bain étant traversé par un courant induit.

Les fours de toute catégorie sont alimentés par du courant alternatif, plus souvent du monophasé, parfois du triphasé, pour certains types.

* * *

Parmi les fours à arc direct, les fours Héroult et Girod sont les types les plus répandus. Leur différence essentielle consiste en ce que, dans le premier, le courant circule dans le sens horizontal, dans le second, dans le sens vertical. Tous deux sont à sole basique pouvant basculer.

Fig. 7. — Four électrique Stassano pour la fabrication de l'acier.

Le four Stassano peut marcher en courant monophasé ou triphasé ; sa partie centrale consiste en un cylindre muni d'un revêtement basique et surmonté d'un dôme, le tout pouvant tourner autour d'un axe légèrement oblique (fig. 7).

On peut citer encore les fours Keller, Mathusius, Firmeny et Allevard, construits dans le même ordre d'idées.

Les aciéristes ont bénéficié, dans la construction de ces fours, des études faites et de l'expérience acquise par les producteurs de carbure et de ferro-alliages.

* * *

Le chauffage direct par résistance n'a pas encore reçu, à vrai dire, d'application pratique, nous n'en parlerons pas.

* * *

Quant aux fours à induction, ils se sont développés d'eux-mêmes et n'ont pu bénéficier de modèles employés dans d'autres domaines de l'industrie. Bien que le brevet Ferranti, relatif à ce type de fours, ait été pris en 1887 en Angleterre, ce n'est qu'au début de ce siècle que Kjellin, en Suède, et Colby, en Amérique, commencèrent à exploiter cette idée.

On a établi des fours à induction fonctionnant sur courant triphasé, 50 périodes.

Les trois noyaux bobinés sont disposés de telle sorte qu'ils enveloppent le foyer contenant le bain suivant la forme d'un fer à cheval. Un des avantages du courant triphasé est de produire un champ tournant provoquant dans le bain un mouvement de rotation qui amène continuellement de nouvelles masses chaudes au contact des riblons introduits.

En dehors des fours à induction de Kjellin et de Röchling Rodenhauser, nous devons citer parmi les plus répandus dans cet ordre d'idées, ceux de Frick, Colby, Schneider, Gin et Hiorth.

Importance de la sidérurgie électrique

Sur les 118 fours électriques en service en juin 1910 — 70 en ordre de marche, 10 en repos et 38 en construction — il existait 74 fours à arc : 29 Héroult, 17 Girod, 13 Stassano, 6 Keller et 9 divers.

Deux de ces fours en construction devaient produire 7.500 tonnes de gueuses par an.

Capacité totale, par charge, de fours à arc :

TYPES	En service	En construction	Total
Héroult	80 T	50 T	130 T
Girod	30	26	56
Keller	13	8	21
Divers	20	13	33
	143 T	97 T	240 T

* * *

Parmi les fours à induction, il y avait 14 Kjellin, d'une capacité totale de 35 tonnes et 15 Köchling-Rodenhauser, d'une capacité totale de 30 tonnes. Avec les fours de types divers, on arrivait à une charge totale de 100 tonnes pour les fours à induction.

L'ensemble des deux systèmes de fours fournissait 350 tonnes d'acier électrique environ par charge.

* * *

Si l'on compare la capacité de charge de l'ensemble des fours Héroult, on remarque qu'elle est passée de 130 tonnes en juin 1910 à 242 tonnes en septembre 1911 (avec 43 fours).

Pour l'Allemagne, les Etats-Unis et l'Autriche-Hongrie, la production d'acier électrique a été de 49.000 tonnes en 1909 et 112.000 tonnes en 1910.

En Angleterre, on espérait en produire 13.000 tonnes en 1911.

En Allemagne, de grands progrès ont été réalisés en 1912 par suite de la mise en route des fours Héroult de 22-25 tonnes de charge.

En septembre 1911, la plus puissante installation était celle de la « Corporation de l'acier aux Etats-Unis » comportant deux fours Héroult de 15 tonnes.

Description d'un four électrique

Le cadre de cet ouvrage ne permet pas de décrire tous les types de fours électriques actuellement dans la pratique industrielle et appliqués à la fabrication de l'acier ; après les quelques vues générales que nous avons données, nous nous contenterons, comme complément et afin de familiariser le lecteur avec ce genre de machines, de donner la description des fours Héroult, actuellement installés à La Praz (1).

Chacun sait la part prise par M. Héroult, savant aussi éminent que modeste, dans l'industrie de l'aluminium, dont il fut un des créateurs, dès 1886. Son travail opiniâtre a reçu les justes récompenses qu'il méritait et bien qu'il ne les ait pas cherché — peut-être parce qu'il ne les a pas cherché — les honneurs lui sont venus en grand nombre;

Docteur-ingénieur *honoris causa* de l'Université d'Aix-la-Chapelle,

Fig. 8. — Fabrication électrique de l'acier. — Four Héroult.

il obtenait un Grand Prix à l'Exposition de Saint-Louis, recevait, en 1904, la grande médaille Lavoisier de la Société d'Encouragement et était promu chevalier de la Légion d'honneur.

(1) Pour de plus amples renseignements, voir le 45e fascicule de l'Encyclopédie : *Les Fours électriques*, par Laboureur et Lefort.

Les travaux de M. Héroult relatifs à l'acier électrique datent de 1900.

Le four actuel est constitué essentiellement par une caisse métallique, revêtue à l'intérieur de briques réfractaires siliceuses ou basiques, suivant les opérations à effectuer. Habituellement, ces briques sont en dolomie calcinée ou en magnésie.

La sole est constituée par un pisé en dolomie fortement damé au-dessus du revêtement en briques.

Fig. 9. — Fabrication électrique de l'acier.
Four Héroult en activité. — Avant la coulée.

Le couvercle du four, protégé par les mêmes matériaux réfractaires, est traversé par deux électrodes verticales en charbon (fig. 8 et 9), dont les extrémités inférieures sont assez rapprochées de la surface de la scorie sans qu'il y ait contact.

Le courant sort de l'une des électrodes, traverse la mince couche d'air en formant arc, arrive à la scorie peu conductrice, pénètre dans la masse métallique de moindre résistance et retourne à la deuxième électrode par l'intermédiaire de la scorie et de la couche d'air.

On voit que le bain métallique est compris entre la couche de scorie et les parois réfractaires basiques de l'enveloppe, absolument comme dans le Martin ; mais au lieu de recevoir la chaleur seulement par sa surface à travers la couche de scorie, la masse métallique est chauffée en outre directement par le courant, et sa température n'est limitée que par l'intensité du courant dont on dispose.

Le four fonctionne donc à la fois comme four à résistance et comme four à arc.

Il importe que les électrodes ne viennent jamais en contact avec la scorie, sinon celle-ci serait rapidement réduite, des impuretés rentreraient dans le bain et les électrodes seraient usées inutilement.

Pour empêcher ce contact et maintenir aussi constante que possible la mince couche d'air traversée par le courant, deux voltmètres sont mis en dérivation sur le bain métallique et chacune des électrodes. Si l'une des électrodes touche la scorie, l'arc disparaît, et par suite la force contre-électromotrice correspondante ; le voltmètre indique alors une diminution notable du voltage. Au contraire, si la couche d'air augmente d'épaisseur, l'augmentation de résistance se traduit par une augmentation de voltage. Ces variations de voltage entraînent la mise en marche d'un mécanisme automatique qui remet aussitôt en place l'électrode en défaut.

Le four Héroult est muni d'un trou de coulée et de portes permettant l'introduction des matières, la prise d'essai et l'élimination des scories.

Pour faciliter l'écoulement du métal et des laitiers, le four peut basculer autour d'un axe horizontal (fig. 10). Chaque four absorbe 4.000 ampères et 110 volts (courant alternatif) ; il effectue des coulées de 2.500 kilogrammes.

A La Praz (petite localité près de Modane), on prépare actuellement l'acier à partir de ferrailles, vieux tire-fonds, éclisses de rails, etc.

Dans certains pays, comme le Canada, le Brésil, le Chili, qui possèdent de nombreuses chutes naturelles, à côté de puissants gisements de fer, on s'est préoccupé d'introduire la nouvelle méthode de travail, et il y a quelques années, plusieurs de ces pays, comme le Chili, le Canada, ont envoyé en Europe des missions techniques chargées de venir étudier sur place le fonctionnement des appareils en marche.

Les très remarquables résultats obtenus par la Commission canadienne ont fait l'objet d'un volumineux et fort intéressant rapport qui constitue un document important pour l'histoire de l'électro-métallurgie :

Haanel, Brown et Harbord : *Report of the commission appointed to investigate the different électrothermic processes for the smelting of iron*

Fig. 10. — Fabrication électrique de l'acier.
Four Héroult. — La coulée de l'acier.

ores and the making of steel in operation in Europe (Ministère de l'Intérieur, Canada).

M. Héroult ayant eu l'amabilité de nous faire hommage d'un de ces ouvrages, nous avons pu y puiser quantité de renseignements d'une grande importance.

Nous avons dit qu'à La Praz on prépare actuellement l'acier à partir de ferrailles diverses ; on fond le métal avec un laitier oxydant, la scorie est ensuite coulée ; on ajoute un nouveau laitier, on élimine la scorie correspondante et ainsi de suite jusqu'à la purification complète du métal. Si l'on désire un métal doux, l'opération est terminée.

Pour obtenir un acier carburé, il convient d'effectuer l'addition d'une quantité calculée de carbone

Pour amener le carbone léger au contact du métal beaucoup plus lourd, M. Héroult utilise un mélange spécial de sa composition, la carburite, de densité supérieure à celle de la scorie. On obtient cette carburite en agglomérant un mélange de limaille de fer et de charbon avec un peu de goudron ; l'ensemble est pressé, puis bien cuit, de manière à former des blocs denses et solides qui sont chauffés avant

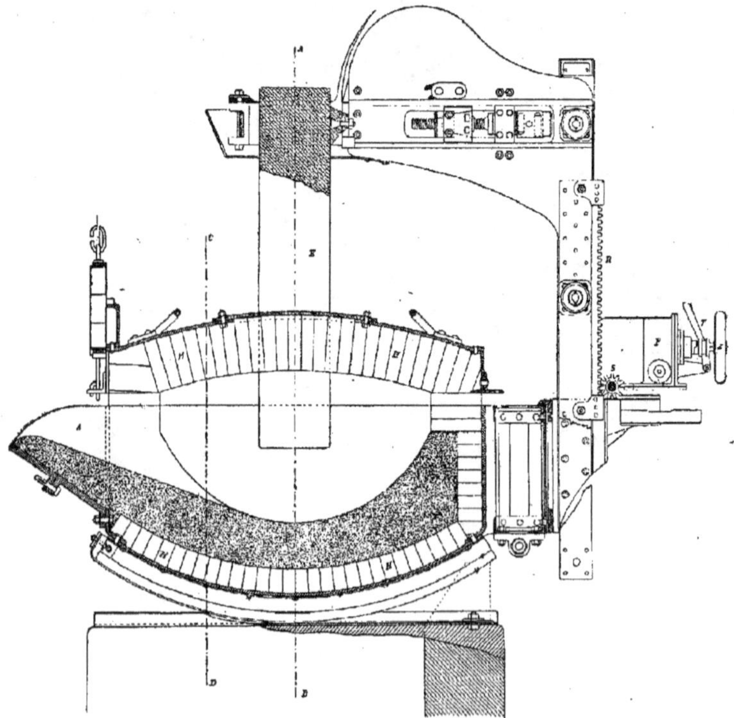

Fig. 11. — Fabrication électrique de l'acier.
Coupe en travers d'un four Héroult, montrant le dispositif de réglage des électrodes.

leur introduction dans le bain ; ils traversent alors la couche de laitier sans se briser, arrivent au contact du bain et s'y dissolvent rapidement.

Nous avons déjà mentionné le fait que la haute température du four électrique, indépendamment de ce qu'elle permet la carburation directe, rend possible la formation de laitiers ultrabasiques, infusibles au Martin, grâce auxquels l'élimination des impuretés, soufre et phosphore notamment, peut être poussée à un degré jusqu'ici irréalisable.

Composition chimique de quelques aciers électriques

Voici quelques résultats d'analyses effectuées sur des aciers de fabrication courante à La Praz avec des matières premières très communes.

Aciers Héroult :

C	S	Ph
0,35	0,000	0,009
0,52	0,016	0,007
0,61	0,005	0,007
0,68	0,012	0,007
0,70	0,011	0,010
0,95	0,010	0,010
1,15	0,013	0,007

* * *

Nous pensons qu'il ne sera pas sans intérêt de donner à titre de comparaison quelques données sur des aciers électriques d'autres fabricants. On pourra remarquer pour tous la faible teneur en S et Ph.

Aciers Keller-Leleux :

C	S	Ph	Si	Mn
0,130	0,021	0,007	0,100	0,085
0,350	0,017	0,030	0,447	0,635
0,590	0,023	0,021	0,115	0,251
0,809	0,010	0,024	0,130	0,181
0,950	0,006	0,021	0,320	0,121

Aciers Stassano :

C	S	Ph	Si	Mn
0,04	—	—	—	0,05
0,07	—	—	—	0,12
0,09	—	—	traces	0,18
0,17	0,02	0,05	traces	0,07
0,77	—	0,04	0,04	0,65

Aciers Kjelin :

C	S	Ph	Si	Mn
0,098	0,012	0,012	0,026	0,144
0,417	0,008	0,010	0,145	0,110
1,082	0,008	0,010	0,194	0,240

Raffinage de l'acier ordinaire par le four électrique

Nous n'avons envisagé jusqu'à présent que la production directe et complète de l'acier à partir du minerai ou vieilles fontes, riblons, etc.

Une autre application de l'électrométallurgie, qui est appelée à un grand avenir, est le raffinage électrique de l'acier. C'est ce qui assurera l'avenir de la métallurgie suédoise qui dispose de minerais et de fontes de très bonne qualité, susceptibles, par suite, de donner un article électrique de grande pureté et de grande valeur.

Harbord pense que l'on pourra appliquer le raffinage électrique aux minerais traités en Angleterre et obtenir ainsi, dans ce pays, des aciers spéciaux à bon compte.

Le raffinage électrique se développe d'ailleurs considérablement dans tous les pays.

Dans les cinq pays où il est le plus employé, la production est passée de 30.000 tonnes en 1908 à 120.000 tonnes en 1910. Le raffinage électrique pourra peut-être se généraliser et être adjoint généralement au procédé Bessemer pour donner un acier d'excellente qualité et de grande résistance. Plusieurs fours électriques de 20 tonnes ont été installés dans ce but.

En Allemagne 60 % de l'acier produit est obtenu par le four Bessemer basique, et Harbord déclare que cet acier ne pourra plus répondre aux exigences de l'industrie moderne ; il devrait être raffiné au four électrique. Si cette solution était adoptée, elle nécessiterait au moins 250.000 kilowatts.

Les réserves des mines de fer du monde entier

Un fait inquiétant, c'est que la consommation du fer augmente dans des proportions considérables et que, d'autre part, les gisements s'épuisent rapidement. Différents congrès internationaux ont examiné la question, en particulier le congrès de Stockolm, en 1910, qui a donné le tableau suivant :

Réserves des mines de fer du monde entier

Pays	Minerais de fer Millions de tonnes	Fer métallique Millions de tonnes
Etats-Unis	4.300	2.300
Newfunl et Canada	3.600	1.900
Allemagne	3.600	1.300
France	3.300	1.100
Cuba	1.900	900
Suède	1.200	700
Angleterre	1.300	500
	19 200	8.700
Russie	864	387
Espagne	711	349
Norvège	367	124
Luxembourg	270	90
Autriche	251	90
Algérie (Tunis) sans compter Ouenza et autres centres miniers	125	75
Grèce	100	45
	2.688	1.160
Belgique	62	25
Mexique	55	30
Hongrie	33	13
Bosnie	22	13
Italie	6	3
Suisse	16	8

Au total { minerai .... 22.082 millions de tonnes.
{ fer .... 9.952 — —

On estime en outre comme probable :

Europe....	41 milliards de tonnes de minerais	12 milliards de tonnes de fer
Amérique..	81 — — —	40 — —
Australie...	69 — — —	37 — —
Asie	457 — — —	283 — —
Afrique ...	Gisements immenses.	

Avec la consommation actuelle de 60 millions de tonnes par an, on aurait une provision réelle pour 167 ans et probable pour 885 ans ; mais l'augmentation de consommation va toujours croissant. De très grands perfectionnements ont été apportés aux transports, embarquement et traitement des minerais de fer, spécialement aux Etats-Unis. L'emploi des fours électriques permet, comme nous venons de le voir, d'obtenir des aciers exceptionnels. L'utilisation des sous-produits a permis de diminuer les prix de revient. On a établi des droits d'importation sur les fontes, fers et aciers et on en limite l'exportation. Enfin, les gouvernements protègent les industries sidérurgiques, en particulier au Canada, au Japon et au Chili.

Toutes ces causes tendent à une augmentation constante de l'utilisation des fers et aciers et donnent une grande importance à la question des réserves possibles de minerais.

Essais magnétiques des fers et aciers

Il résulte de ce qui précède que le contrôle des fers, fontes et aciers utilisés pour la construction des dynamos et des transformateurs, est d'une importance capitale. En effet, si, dans les dynamos, on peut, à la rigueur, corriger un défaut de perméabilité par un excès de cuivre sur l'inducteur, par contre, dans les transformateurs, où toute la place disponible est occupée par le cuivre, une insuffisance magnétique de la carcasse est sans remède.

Certes, l'analyse chimique renseigne en partie sur les qualités magnétiques ; nous avons vu qu'il faut exiger des teneurs aussi minimes que possible en carbone, en soufre, en phosphore, etc., lorsqu'il s'agit d'aciers pour induits, mais nous savons aussi que l'état physique du métal joue un rôle important. Des essais magnétiques sont donc indispensables.

Relativement à la composition chimique, il ne sera pas sans intérêt de voir l'influence des substances dont nous avons parlé au point de vue des pertes par hystérésis, exprimées au moyen du coefficient η de Steinmetz.

1° Influence du carbone.

C en %	η de Steinmetz	
0,09	0,0025	(de Pontcharra)
0,32	0,0059	—
0,8	0,0078	—

2° Influence du soufre, phosphore, etc.

	C (en %)	S (en %)	Ph (en %)	Mn (en %)	Si (en %)	η de Steinmetz
Tôles acier doux de bonne qualité (Campionnet)	0,1	0,01	0,01	0,46	—	0,0019
— qualité médiocre	0,1	0,06	0,065	0,48	—	0,0049

Ces quelques exemples montrent nettement l'influence défavorable des corps étrangers dans les aciers pour dynamos, et seules des expériences précises et répétées peuvent renseigner le constructeur de machines électriques sur la valeur des tôles qui lui sont livrées.

Nous n'avons à parler ici, ni des phénomènes proprement dits du magnétisme, ni des méthodes et appareils pour la mesure des qualités magnétiques des fers et acier, plusieurs volumes de cette Encyclopédie étant spécialement consacrés à ces études (1).

Nous désirons cependant dire quelques mots au sujet des précautions à prendre pour la préparation des échantillons et de la marche à suivre dans les essais.

On ne saurait trop recommander, lors de l'établissement des éprouvettes (aussi bien pour les essais de perméabilité que pour ceux relatifs aux pertes hystérésitiques) de ne pas *fatiguer* le métal à expérimenter.

L'importance des effets, au point de vue magnétique, que produisent des efforts mécaniques tels que la torsion, le martelage, la flexion, etc., de l'acier à expérimenter est telle, que l'on doit prêter une attention constante à ne limer, percer, marteler, plier les tôles ou pièces-éprouvettes que le moins possible, sous risque d'obtenir des résultats non conformes aux qualités réelles du métal essayé.

Lors de l'étude des tôles par l'hystérésimètre d'Ewing ou de Blondel, un essai fort intéressant est, après avoir expérimenté les tôles telles qu'elles étaient arrivées à l'usine, et ayant soigneusement noté les chiffres obtenus, de mettre l'échantillon dans une étuve (ou dans tout autre appareil de chauffage à température régulière) maintenue à 80° C environ, pendant 24 heures, puis laisser refroidir lentement et essayer à nouveau.

Remettre ensuite l'échantillon à l'étuve pendant une centaine d'heures, puis essayer.

Faire enfin une nouvelle recuite prolongée durant une quinzaine de jours au moins et mesurer encore la perte hystérésitique.

(1) *Magnétisme et Électromagnétisme*, par Eug. VIGNERON (fasc. 3 et 4); *Méthodes et Appareils de Mesures électriques et magnétiques*, par A. ILIOVICI (fasc. 20-21-22).

Nous avons obtenu parfois des différences considérables — de 0,0017 à 0,0046 — comme coefficient de Steinmetz avec un appareil d'Ewing, pour des tôles françaises qui auraient passé pour bonnes lors du premier essai et qui ont été refusées.

Pour une tôle épaisse ($0^{mm}7$), $\eta = 0{,}0022$, nous avons obtenu après cuisson à 100° C, $\eta = 0{,}0065$, soit trois fois plus.

L'essai du vieillissement artificiel peut donc éviter bien des mécomptes au constructeur.

Les aciers *Martin* ne vieillissent pas ; les aciers *Bessemer* vieillissent [1].

---

(1) GEORGES CHARPY. — *Bulletin de la Société Internationale des Électriciens*, Paris.

CHAPITRE II

Fabrication des charbons agglomérés pour l'électricité

I. GÉNÉRALITÉS

Les premiers brevets relatifs à la fabrication des charbons agglomérés pour l'électricité, soit ceux de Strait et Edwards, datent de 1846. D'autres brevets furent pris ensuite et, dans le nombre, ceux de Jacquelain et de Ganduin comptent parmi les plus intéressants. Mais c'est avec Carré et seulement vers 1877 que cette fabrication entra dans une voie industrielle.

A ce moment-là, le charbon aggloméré pour l'électricité devint un objet de première nécessité dans la fabrication des éléments au peroxyde de manganèse et surtout pour les nombreuses lampes à arc qui surgirent après l'apparition de la dynamo de Gramme.

Les débuts de cette nouvelle industrie furent assez pénibles. On fabriqua d'abord surtout des plaques pour piles afin de remplacer celles plus coûteuses en charbon de cornue scié dont on faisait usage ; l'on ne se montra pas très difficile, au commencement, quant à la qualité des produits fabriqués.

On employait, pour la fabrication de ces plaques, du coke de cornues à gaz (résidu de la distillation de la houille dans la fabrication du gaz) que l'on pulvérisait et que l'on agglomérait avec du goudron. Le mélange était moulé au moyen de presses à commande mécanique où les pressions mises en jeu étaient d'un ordre très peu élevé. Les plaques moulées étaient placées dans des creusets brasés avec de la poudre de coke, et on les cuisait à une température d'environ 700-800° C ; ces plaques avaient une résistance mécanique très faible et présentaient une résistance électrique élevée, toutes choses défavorables.

La fabrication des charbons à lumière à laquelle la création de la lampe Jablochkoff donna la première impulsion sérieuse, était un peu plus délicate.

Les premières lampes à arc exigèrent des produits fabriqués avec de plus grands soins.

On fit un choix plus minutieux des matières premières : cokes et agglomérants, pour éviter, dans une certaine mesure, la production des cendres. Même, à cet effet, on chercha un procédé chimique pour la purification des cokes, ce qui ne donna pas de résultats très remarquables ; on fit aussi, avec plus de succès, des adjonctions de noir de fumée dans la pâte. Ce carbone est très pur et donne de grandes facilités pour la fabrication en augmentant la plasticité du mélange.

Carré fit la première presse hydraulique pour l'étirage des charbons cylindriques de lumière. Ces charbons, médiocrement comprimés, et dont la fabrication se compliquait par l'introduction des charbons à âme destinés à donner plus de fixité à l'arc, devaient être étuvés lentement après étirage pour éviter la casse au moment de la cuisson et pour les empêcher de se courber. On en faisait des pyramides de 2 à 3.000 sur le sol d'un four, on les recouvrait de poudre de charbon tassée, et on les chauffait progressivement jusqu'à 700 ou 800° C. Puis on laissait refroidir et on défournait les charbons ainsi étuvés. On en faisait alors des paquets que l'on mettait dans des creusets en terre avec une brasque de poudre de coke pour les cuire à une température plus élevée.

Petit à petit, les proportions des mélanges, l'outillage mécanique de la fabrication, les procédés de cuisson se perfectionnèrent. On construisit des charbons de 30 et 50 millimètres de diamètre avec une pression de 100 kilogrammes par centimètre carré sur le piston hydraulique. On commença à se servir de fours à gaz qui permirent de cuire les charbons d'une manière plus uniforme à des températures plus élevées.

Enfin, l'emploi des fours continus à cuisson lente et progressive, jusqu'à des températures très élevées, amena la suppression de l'étuvage préalable.

* * *

Actuellement, la fabrication des charbons agglomérés pour l'électricité a pris une grande extension, que ce soit pour les charbons à lumière, les plaques pour piles, les électrodes ou les balais ; les procédés de fabrication pour ces diverses applications sont à peu près les mêmes, seuls le choix et les proportions des matières premières diffèrent.

La plupart des pièces cylindriques et notamment les charbons de lampes à arc sont obtenus par étirage ou forçage de la pâte à travers une filière au moyen d'un piston mû par la force hydraulique ; d'autres pièces, en particulier celles pour la microphonie, sont exécutées par moulage ; enfin celles de formes spéciales sont obtenues par travail mécanique, à même la matière obtenue par étirage.

D'une façon générale et sous bénéfice des spécifications précitées au sujet du choix des matières et de leurs proportions, on peut dire que la fabrication des charbons s'opère de la façon suivante :

Le coke de cornue (dans certains cas le coke de pétrole) est pulvérisé sous des meules ou dans des broyeurs à une finesse plus ou moins grande suivant les nécessités de la fabrication. Il est ensuite bluté, puis ensaché.

Le mélange du coke de cornue pulvérisé, du noir de fumée s'il y a lieu, et de l'agglomérant (goudron spécial, etc.), doit être aussi intime que possible. On le fait dans des mélangeurs à capacité variable munis d'hélices tournant en sens inverse, où l'on verse d'abord la quantité de poudre correspondant à un mélange. On met les hélices en mouvement et l'on verse petit à petit sur la poudre la quantité nécessaire d'agglomérant.

Quand le mélange est terminé, on porte la matière granuleuse que l'on retire des mélangeurs, sous des meules qui l'agglomèrent, la pétrissent et la convertissent en pâte.

Avant de forcer cette pâte à travers les filières au moyen de presses hydrauliques et pour faciliter cette opération, on presse sous des pilons les seaux de pâte qui viennent des meules. On en fait ce qu'on appelle des cartouches dont le diamètre et la hauteur varient avec les dimensions du cylindre des presses.

Les difficultés de l'étirage sont plus ou moins grandes suivant la nature du mélange dont est formée la pâte, les proportions d'agglomérant, la finesse du grain, la forme de la filière. Suivant les cas, l'étirage s'opère plus ou moins rapidement à des pressions plus ou moins élevées. On facilite, dans certaines installations, l'étirage en chauffant au moyen d'une circulation de vapeur la partie du cylindre au voisinage de la filière.

Les charbons qui sortent de la filière sont reçus sur une table bien horizontale, coupés à la longueur convenable et placés ensuite dans des creusets en terre et entourés sur toutes leurs faces avec de la poudre de coke. On lute la partie supérieure des creusets avec de la terre réfractaire et on les place dans les fours.

Aujourd'hui, ces foyers sont généralement des fours à gaz, continus, dans lesquels les creusets nouvellement enfournés sont chauffés progressivement et méthodiquement par les produits de la combustion et de la distillation avant leur arrivée à la cheminée. Ils sont ensuite soumis à l'action directe du feu, et les matières qu'ils contiennent sont cuites à une température que l'on peut régler à volonté dans les fours les plus perfectionnés et qui peut atteindre de 1400 à 1700° C. On laisse refroidir les creusets dans les fours, et enfin l'on défourne.

Les charbons, une fois cuits, sont ou ne sont pas, suivant les applications auxquelles ils sont destinés, soumis à un travail mécanique : meulage, épidermage, lapidage, fraisage, tournage, etc. Les charbons laissés bruts de cuisson sont recouverts d'une sorte d'enduit plus dur et réfractaire que le corps du charbon.

Ainsi que nous l'avons dit, la fabrication des *pièces de microphonie* se fait par moulage. Elle nécessite l'emploi de pâtes très plastiques, très soigneusement travaillées et à grain très fin dont nous verrons la composition plus loin. Les pâtes, après avoir été travaillées, sont estampées au moyen de presses ou de balanciers. Les pièces ainsi obtenues sont mises en creusets et brasquées à la manière ordinaire. On les cuit à une température très élevée pour les rendre aussi réfractaires que possible à l'action des petits arcs qui jaillissent à l'intérieur des microphones et qui, sans cette précaution, pourraient les désagréger et occasionner la formation de poussières qui influeraient sur la sensibilité des appareils.

L'*électrochimie* et l'*électrométallurgie* sont venues donner un nouvel essor à l'industrie de la fabrication des charbons agglomérés pour l'électricité. Elles lui demandent, et par quantités considérables, des électrodes dont les dimensions atteignent jusqu'à 1m50 de longueur et 300 mm de côté et dont le poids est d'environ 250 kgs. Ces énormes pièces exigent pour leur fabrication un matériel spécial extrêmement puissant.

Graphitation. — Dans certains cas, et pour certaines applications spéciales telles que l'électrochimie et l'électrométallurgie, la fabrication des balais et des pièces d'appareillage, il peut y avoir intérêt à faire subir au charbon aggloméré une cuisson supplémentaire au four électrique. Cette opération, dite *graphitation*, en modifiant la texture du charbon aggloméré et en transformant son carbone amorphe en graphite, assure aux produits, qui ont été portés à la haute température que l'on peut obtenir dans les fours électriques, des propriétés spéciales tout à fait remarquables.

La graphitation du charbon est due, pour une bonne part, aux savantes recherches de MM. Girard et Street (1893).

De nombreuses usines se sont montées depuis quelques années en France, en Allemagne, aux Etats-Unis, surtout, pour la fabrication des charbons agglomérés pour l'électricité. Elles se sont en général spécialisées, fabriquant surtout, les unes les charbons à lumière, d'autres les balais en charbon et les pièces de microphonie, d'autres enfin les électrodes pour les fours électriques.

Leur capacité de production est considérable : elle s'accroît sans cesse pour pouvoir répondre aux besoins tous les jours plus grands et plus divers de l'industrie électrique.

II. — Composition et fabrication de divers charbons pour l'électricité.

Une des matières premières les plus importantes qui entrent dans la composition des charbons est le goudron provenant des usines à gaz. Celui-ci est d'abord filtré sous une pression d'environ 7 atmosphères. ensuite chauffé ou mélangé avec du benzol, pour le débarrasser de ses parties solides. Un bon goudron pour charbons ne doit pas contenir plue de 0,02 % de cendres.

Une seconde matière qui entre en même temps dans la composition des charbons est la suie provenant des huiles de goudron brûlées qui sont obtenues par distillation du goudron entre 240 et 270° C. Celles-ci sont brûlées sur un fourneau et les gaz de la fumée sont conduits dans des chambres froides, dans lesquelles ils se déposent. La suie de première qualité pour charbons ne doit pas contenir plus de 5 % d'huile et d'eau, ni plus de 0,02 % de cendres.

Ces deux produits étant ainsi préparés, on mélange ensemble 135 à 38 kgs de goudron avec 100 kg de suie ; le tout est soumis à l'action d'une presse hydraulique et mis sous la forme de cylindres d'environ 30 cm de diamètre. Ceux-ci sont ensuite portés dans des fours de dessiccation à une température de 1.300 ou 1.400° C, puis, après refroidissement, réduits en poudre fine.

Pour la composition des charbons de lampes, on obtient d'excellents résultats avec le mélange suivant : 100 kg de poussière de coke ; 100 kg de poudre de vieux charbons d'arc ; 60 kg de suie séchée et moulue ; 40 kg de suie ordinaire ; 3 kg d'acide borique et 135 kg de goudron. Ce mélange est fait très intimement à la machine et le produit, mis dans des moules cylindriques, est soumis à l'action de la presse hydraulique.

La pression obtenue avec cette presse varie entre 10,5 et 12,5 atmosphères ; la température, pendant cette opération, est maintenue à 80° C environ. Les baguettes obtenues avec cette presse sont coupées en longueurs de 1m20 à 1m50 et réunies en paquets hexagonaux d'environ 25 cm de diamètre qu'on laisse au sec pendant quelques jours.

Ces paquets sont ensuite rangés dans des pots en terre, que l'on porte à une température d'environ 1.400° C parfois jusqu'à 1.700° dans des fours à récupération, de tels fours permettant de traiter à peu près 3 tonnes de charbons par 24 heures.

Les charbons sont alors séchés, coupés à la longueur convenable et appointis à une extrémité.

III. — Charbons pour lampes à arc

Les charbons dont nous venons de décrire la fabrication sont pleins ou *homogènes* ; or, on sait que dans les lampes à arc à courant continu, le charbon positif s'use deux fois plus vite que le négatif ; de plus, le charbon positif se creuse en forme de cratère, qui semble émettre le maximum de lumière. On a donc eu l'idée de faciliter le centrage de l'arc, en aidant la formation de ce cratère ; de là les charbons dits à *mèche.* Ceux-ci ne sont que des crayons présentant après la fabrication un vide intérieur obtenu au moment du tréfilage par une disposition appropriée de la filière ; le diamètre de ce canal intérieur varie entre 2 et 4 mm suivant les grosseurs de charbons.

On remplit ensuite ce vide au moyen de la pâte (coke et goudron) desséchée à l'étuve, mais non cuite, de façon à conserver la majeure partie des hydrocarbures. Parfois, la pâte est additionnée de silicates de soude ou d'autres sels et oxydes métalliques, qui abaissent la résistance intérieure du centre de l'arc. Nous verrons plus loin que l'on a modifié et amélioré sensiblement, de cette façon, le rendement lumineux des arcs.

Nous avons dit que dans les arcs à courant continu, le charbon positif s'use deux fois plus vite que le négatif ; les sections respectives doivent donc être à peu près double l'une de l'autre de façon à ce que le remplacement des charbons puisse s'effectuer en même temps ; c'est ce qui a lieu dans la pratique, et les constructeurs possèdent des tableaux renseignant leurs clients sur les diamètres respectifs des charbons positif et négatif, relativement à l'intensité de la lampe.

La maison Fabius Henrion conseille les dimensions suivantes :

1° Dans le cas de deux lampes en série sur 110 volts :

Ampères	6	8	10	12	15
Diamètre du charbon positif à mèche.........mm	14	16	17	18	20
— — négatif homogène....... —	10	11	12	14	15
Volts aux bornes, avec charbons d'une longueur totale de 400 mm...........................	41	42	42,5	43	44,5

2° Dans le cas de trois lampes sur 110 volts :

Ampères	6	8	10	12	15
Diamètre du charbon positif à mèche............	12	14	16	17	17
— — négatif homogène	8	10	11	12	12
Volts aux bornes, avec charbons d'une longueur totale de 400 mm	35	36	36,5	37	38,5

Les sections de ces différents charbons correspondent bien, dans les deux cas, à une section double, pour le charbon positif, de celle du charbon négatif.

Avec le courant alternatif, l'usure est sensiblement la même pour les deux charbons, et il est recommandable d'utiliser des charbons à mèche des deux côtés.

Dans les cas de lampes munies d'un réflecteur, certaines maisons conseillent un diamètre du charbon supérieur légèrement moindre que celui du charbon inférieur.

Voici les chiffres indiqués pour les charbons Fabius Henrion, dans les *lampes munies d'un réflecteur* :

Ampères	8	10	12	15	20
Diamètre du charbon à mèche, supérieur.........	10	12	13	14	16
— — — inférieur	11	13	14	15	18
Volts aux bornes, avec charbons d'une longueur totale de 400 mm	28	29	30	30	31

Densité du courant. — Le diamètre des charbons à employer est fonction de l'intensité du courant qui traverse l'arc ; pour les différents charbons mentionnés dans les tableaux précédents, les densités varient :

Sur le courant continu :

a) Pour les charbons homogènes (cas de deux lampes sur 110 volts), 0,08 à 0,09 ampère par millimètre carré.

Pour les charbons homogènes (cas de trois lampes sur 110 volts), 0,1 à 0,13 ampère par millimètre carré.

b) Pour les charbons à mèche (cas de deux lampes sur 110 volts), 0,04 à 0,047 ampère par millimètre carré.

Pour les charbons à mèche (cas de trois lampes sur 110 volts), 0,05 à 0,066 ampère par millimètre carré.

Nous ne donnons des chiffres pour les charbons à mèche qu'à titre de comparaison approchée, car le calcul de la section, en ne tenant compte que du diamètre (ce que nous avons fait), n'est pas exact, puisqu'il faudrait tenir compte de la section de l'âme ou mèche qui devrait être déduite.

Les dimensions indiquées dans les tableaux sont celles qui sont considérées comme normales par le fabricant ; toutefois, si l'on veut obtenir un éclairage plus brillant, il convient de prendre les diamètres correspondant au débit en ampères immédiatement inférieur, soit pour une lampe de 10 ampères, on prendra les charbons de 16 et 11 correspondant à une lampe de 8 ampères.

Au contraire, si l'on veut augmenter la durée de la paire de charbons, il faut choisir les diamètres correspondant au débit en ampères immédiatement supérieur, soit : pour une lampe de 10 ampères, on prendra les charbons de 18 et 14 correspondant à une lampe de 12 ampères.

Sur le courant alternatif. — *Lampes sans réflecteur.* — La densité de courant dans les charbons brûlant dans des lampes sans réflecteur sur courant alternatif varie, suivant les diamètres, de 0,09 à 0,1 ampère par millimètre carré.

Nous n'avons envisagé, jusqu'à présent, que des charbons en carbone relativement pur ; différents essais de métallisation ont été tentés et on peut trouver des charbons cuivrés et des charbons nickelés, ces corps (cuivre et nickel) prolongeant la durée du charbon respectivement de 30 % et de 50 à 60 %.

Les charbons cuivrés sont employés surtout en Amérique ; en Europe, les crayons nus ou minéralisés sont préférés parce que la lumière est plus régulière ; quant aux charbons nickelés, ils n'ont guère reçu d'application, vu leur coût élevé.

Résistance et dureté.— Suivant les diamètres, le degré de dureté, etc., la résistivité des charbons peut varier de 5.500 microhms-centimètre à 8.000 microhms-centimètre. Suivant le degré de dureté, avons-nous dit ; en effet, un charbon dur a une plus grande conductibilité qu'un charbon tendre fait avec les mêmes matériaux et dans les mêmes conditions.

Au point de vue de l'usure, il est certain que de deux charbons de même dureté, mais de diamètres différents, parcourus par des courants de même intensité, le plus gros aura une durée plus longue que le plus petit, et de même, de deux charbons de même diamètre, mais de dureté inégale, le plus dur s'usera moins vite que le plus tendre. Il y a naturellement un choix à faire suivant les conditions de l'éclairage et il convient de se souvenir qu'en augmentant la conductibilité spécifique, on augmente la durée, mais on diminue la lumière.

Charbons minéralisés — Arcs-flamme

Des tentatives innombrables ont été faites dans le but d'augmenter la fixité et la puissance lumineuse de l'arc, ainsi que sa durée, et il faut convenir que, si quelques essais ont été du domaine de la haute fantaisie, plusieurs résultats d'un réel intérêt sont venus récompenser les inventeurs.

On a successivement tenté d'arriver à la solution du problème par l'emploi des charbons à mèche, les arcs en vase clos, les enduits protecteurs évitant la combustion des parties externes des pointes des charbons, etc. On a encore employé, pour la fabrication des crayons, des mélanges de charbon et de terres rares, mais il est difficile d'éviter la formation de scories, rendant l'arc instable; c'est d'ailleurs là un des principaux inconvénients des charbons de qualité ordinaire, qui contiennent 4 à 5 % d'impuretés.

Un brevet allemand (n° 123.789) du 24 mars 1900 *A. Koch* mentionnait des charbons composés de chaux comme base avec un mélange d'oxydes de métaux de la famile du zinc, du magnésium, de l'aluminium ou du chrome avec des terres rares, sauf le zircon.

Bremer employa des charbons contenant de 20 à 50 % de sels métalliques non conducteurs, tels que des sels de calcium, silicium, magnésium. La puissance lumineuse de la lampe Bremer était assez considérable, des essais ayant indiqué, comme consommation de courant, en watts, 0,126 à 0,1 par bougie, suivant le type de lampe ; de plus, la lumière de l'arc Bremer est très riche en rayons jaunes et rouges, ce qui est favorable.

Puis, les techniciens de la *General Electric C°* ayant remarqué que la magnétite (oxyde magnétique de fer, noir) peut être employée comme électrode de lampe à arc, des expériences furent entreprises dans ce but. C. P. Steinmetz, qui s'est spécialement occupé de la lampe à magnétite, décrit ces expériences de la façon suivante :

Les recherches sur la lampe à arc ont démontré que la flamme qui s'échappe du négatif pour atteindre le positif produit une quantité de chaleur considérable; si le positif soumis à cette chaleur ne peut s'en débarrasser par conduction ou convection assez rapidement, il s'échauffe, devient incandescent et se consume ; c'est le cas du charbon ordinaire des lampes à arc. On a cherché à utiliser cette incandescence mieux que cela n'a lieu avec le charbon ordinaire, en introduisant dans ce charbon des oxydes réfractaires qui, portés à une haute température, dégagent une grande quantité de lumière. C'est le cas de la lampe Bremer (que nous venons d'examiner plus haut).

Mais l'on peut aussi, au lieu de faire l'électrode positive mauvaise conductrice de la chaleur, la faire bonne conductrice ; dans ce cas, l'électrode se refroidissant rapidement, ne sera plus porté à l'incandescence et, par suite, *ne se consumera plus*.

Dans la *lampe à magnétite*, l'électrode positive est constituée par une pièce de cuivre qui fait partie intégrante de la lampe elle-même.

L'électrode négative a été choisie en magnétite parce que, parmi tous les oxydes bons conducteurs, c'est elle qui donne les meilleurs résultats, comme étant bonne conductrice du courant ; elle est stable à toutes températures, abondante et par suite bon marché, donne un arc blanc de haut rendement, et d'une longueur double de l'arc au charbon. Elle brûle au taux de 3 mm par heure, ce qui est bas, comparé au taux des lampes à arc à air libre avec électrodes de charbon. On peut d'ailleurs ajouter différentes substances — les composés de titane, par exemple — pour réduire ce taux de consommation. Avec un petit sacrifice dans le rendement électrique, on peut produire des électrodes de 20 cm de longueur capables de brûler 5 à 600 heures.

* * *

Avant d'étudier plus complètement la lampe magnétite, et afin de pouvoir se rendre compte de l'importance des gisements de cet oxyde de fer, nous dirons qu'en Suède, aux mines de Kirunawaara, le gîte de magnétique, qui s'étend sur plusieurs lieues, a une hauteur de 200 m et renferme 200.000.000 de tonnes de minerai utile, soit une provision de 100 ans, si l'on suppose une extraction annuelle de 2.000.000 de tonnes.

D'immenses gisements existent également dans la région du Lac Supérieur.

Lampes à oxydes métalliques. — Nous avons dit que les électrodes employées dans la lampe à magnétite peuvent contenir en plus de l'oxyde de fer, des oxydes de titane et de chrome.

Les électrodes sont faites de ce mélange d'oxydes, enfermé dans une gaine tubulaire de fer de faible épaisseur, dont les extrémités sont soudées à l'arc électrique.

L'oxyde de titane a la propriété de donner à l'arc sa luminosité, tandis que l'oxyde de chrome s'oppose à une consommation trop rapide des électrodes.

On sait déjà, d'après les travaux de Steinmetz et d'autres chercheurs sur la lampe à magnétite, que le rendement de cet arc est beaucoup plus élevé que celui de l'arc au charbon ; sous 65 à 70 volts, une intensité de 4 ampères donne une lumière égale ou supérieure à celle que produit l'arc en vase clos, à électrodes de charbon et à courant continu, qui consomme 6,6 ampères sous 75 volts.

La lumière de l'arc de magnétite possède une grande diffusion ; sa distribution est bonne, son maximum étant entre 20° et l'horizontale ; la lumière totale émise par un arc de 300 watts est approximativement le double de celle d'une lampe au charbon en vase clos de 450 watts. La durée des électrodes est aussi plus avantageuse.

* * *

Nous avons dit que l'on joignait aux électrodes de magnétite des oxydes de titane et de chrome ; voici les caractéristiques de ces trois substances dans l'arc :

L'arc passant entre des électrodes en magnétite pure donne une lumière très riche en rayons bleus ou ultra-violets, avec un cône central plus lumineux ; il n'est pas stable et produit de fortes vapeurs.

L'arc produit par des électrodes en oxyde de titane seul est très brillant, d'une couleur blanche assez pure ; il produit aussi des vapeurs et forme une scorie en refroidissant ; il n'est pas non plus très stable.

L'arc d'oxyde de chrome donne une couleur vert-jaune terne et brûle régulièrement, mais son rendement lumineux est bas ; il se consume très lentement, en dégageant des vapeurs ; il n'a pas de pointe à la base et forme une scorie lorsqu'il est froid.

La combinaison de ces trois corps forme un arc avantageux.

Il y a toutefois lieu d'attirer l'attention sur une curieuse propriété, caractéristique de l'arc de magnétite : c'est l'affaiblissement sensible de son éclairement à des intervalles réguliers, après que les électrodes ont brûlé pendant une vingtaine d'heures ; cette période de faible éclairement a une durée qui peut varier de quelques secondes à trois minutes, jusqu'à ce que lui succède une nouvelle phase d'éclairement normal.

On a proposé, de ce phénomène, l'explication suivante :

Comme nous le savons, la luminosité de l'arc est surtout due à la présence d'oxyde de titane volatilisé, et tout ce qui s'oppose au dégagement régulier de ces vapeurs obscurcit nécessairement l'arc.

L'oxyde de chrome se volatilise beaucoup plus lentement que les oxydes de titane et de fer, de sorte qu'après une durée approximative de 20 heures, l'extrémité de la cathode est recouverte d'un dépôt très riche en chrome, dépôt qui arrête la volatilisation du titane et du fer, et donne à la lumière une couleur bleuâtre qui subsiste jusqu'à ce que la pellicule de chrome soit consumée.

On a remédié à l'inconvénient de ce phénomène en modifiant le mélange de telle sorte que l'oxyde de chrome ne puisse pas se séparer des oxydes de fer et de titane et former un dépôt lorsque les premiers se volatilisent. Les électrodes préparées de la sorte se volatilisent uniformément et dégagent des vapeurs qui forment sur toutes les surfaces voisines un dépôt rougeâtre, d'où la nécessité de munir cette lampe d'une cheminée.

* * *

Au point de vue de la lumière, des différences essentielles existent entre l'arc à charbons et l'arc métallique.

Dans l'arc ordinaire, la lumière vient du cratère sur le charbon supérieur ; dans l'arc métallique, il n'y a plus de cratère, l'arc est lumineux par lui-même, la lumière étant produite par les oxydes incandescents du titane.

La durée est également plus longue, le voltage exigé plus bas. Néanmoins il y a des difficultés dans la pratique :

1° Le pôle négatif étant en bas, comme la partie brillante est très rapprochée de l'électrode, il se produit une ombre assez grande ;

2° La lumière réfléchie par la surface brillante de l'électrode ne peut être récupérée que par un réflecteur ;

3° Il faut un mécanisme spécial, car ici c'est le charbon négatif qui brûle le plus rapidement ;

4° La longueur du globe limite donc la durée, à moins de prendre une électrode négative large, ce qui est défectueux ;

5° Il s'accumule de la suie rougeâtre autour des électrodes ; on peut l'enlever mécaniquement ;

6° L'électrode métallique effilée s'émousse et cause des instabilités dans la lumière.

Il serait avantageux d'avoir le pôle négatif à la partie supérieure, mais les oxydes, se condensant sur un côté, cachent la lumière. On emploie alors un courant d'air autour de l'arc, qui le maintient à la position centrale et donne de bons résultats. Il n'y a plus de condensations de fumée, le globe se maintient propre.

Si l'électrode positive est en cuivre pur, elle s'oxyde rapidement ; c'est pour cela qu'on la mélange avec une petite quantité d'oxydes qui forment une pellicule de scories à la surface ; ce sont ces scories qui attaquent le métal.

Arcs à flamme. — Nous avons brièvement décrit les prototypes des arcs à flamme ; nous avons vu que le caractère commun de ces arcs-flamme consiste théoriquement dans la grande conductibilité des vapeurs qui les composent, et dues à la présence d'ions libres en grande quantité ; en outre, l'arc à longue flamme possède une chute de tension plus faible au voisinage de l'anode que dans les arcs au charbon ; enfin, il se trouve soumis, ainsi que les électrodes, à l'influence oxydante de l'air ambiant.

M. Blondel, dans une communication publiée dans le *Bulletin de la Société internationale des Électriciens*, a étudié d'une façon spéciale les arcs-flamme et fait l'exposé des considérations générales qui doivent guider dans leur étude.

Tout d'abord, une distinction s'impose entre les deux sortes d'arcs à flamme, distinction basée sur la nature des substances employées et sur les phénomènes qui prédominent dans la production de la lumière : d'une part, les arcs à flamme formés des composés des métaux alcalins et alcalino-terreux ou de tous autres analogues donnant des fumées blanches portées à l'incandescence, d'autre part, les arcs formés par les métaux ou composés du groupe du fer et du titane, qui donnent surtout lieu à des effets de luminescence.

Les lampes de la première espèce, à flamme incandescente (composés alcalino-terreux), ont été réalisées soit avec des oxydes purs (bâtonnets d'oxydes de *Rasch*, lampes de la *Compagnie générale d'Électricité*), soit avec des charbons mélangés de substances minérales et entourés ou non d'une enveloppe protectrice (essais de *Gaudum* 1876, d'*Archereau et Carré* 1877), charbons *Bremer*, soit enfin avec des charbons purs contenant des mèches additionnées de sels éclairants (lampes *Bremer*, *Kœting et Mathiesen*).

Les lampes de la seconde espèce (flamme luminescente à l'air libre) emploient, comme électrodes, soit des métaux ou alliages, soit des oxydes additionnés de diverses substances minérales (lampes à la magnétite, au titane, de la *General Electric C°*.

Quels que soient les sels minéraux employés, les arcs à flamme donnent lieu à la formation de produits nitreux, en particulier de peroxyde d'azote, dont les vapeurs sont corrosives. L'attention des fabricants de lampes a donc été appelée sur l'évacuation des vapeurs nitreuses et des fumées, ainsi que nous l'avons vu.

La lumière des arcs à flamme possède des qualités et des défauts qui varient suivant les électrodes employées : les lampes au fer et à la magnétite produisent en abondance des rayons ultra-violets occasionnant facilement la conjonctivite ; les arcs au calcium, riches en rayons jaunes et rouges, sont d'un meilleur emploi ; l'inconvénient de la plupart des arcs à flamme réside dans le jugement imparfait des couleurs des objets éclairés et dans un certain tremblottement de la lumière.

M. Blondel conclut en reconnaissant que les arcs à flamme, possédant un rendement 3 à 5 fois supérieur à l'arc ordinaire, malgré les défauts légers de production de vapeurs nitreuses et de manque de fixité, se prêtent à la multiplication des foyers par la diminution de l'intensité de chacun. L'arc au calcium a l'avantage du rendement et du bon fonctionnement : les électrodes homogènes (Bremer) et les charbons dizones sont supérieurs, comme rendement et durée, aux charbons à mèche et aux électrodes au titane. Enfin le type de lampe à charbons placés l'un au-dessus de l'autre paraît supérieur au type en V, plus compliqué de mécanisme et exigeant des charbons longs et fragiles. En résumé, l'arc à flamme constitue actuellement la source de lumière la plus économique pour l'éclairage des grands espaces et l'emporte même sur les becs à gaz intensifs.

IV. — Les balais en charbon pour moteurs et génératrices électriques

Ainsi que nous l'avons dit à propos des isolants, l'ampleur et la hardiesse des projets électrotechniques modernes, eu égard aux puissances et voltages progressivement croissants, ont obligé de nombreux industriels à perfectionner, transformer, rénover les produits de pratique courante il y a quelques années et qui ne pouvaient plus suffire aux exigences actuelles.

Et, chose curieuse, le problème s'est encore compliqué du fait des perfectionnements et innovations apportés dans d'autres domaines. En effet, tandis que, d'un côté, les turbines hydrauliques que l'on n'osait guère appliquer que dans les cas de hauteur de chute de 400 à 500 m maximum ont été utilisées avec un succès complet lors de hauteurs de chute doubles (Installation hydro-électrique de Vouvry, en Valais, Suisse, près de 1000 m) [1], d'autre part les turbines à vapeur obtenaient droit de cité, se développaient dans les applications les plus diverses.

Et comme, pour nombre de raisons excellentes, les techniciens demandaient la possibilité d'accoupler directement les génératrices électriques à ces nouveaux moteurs animés de vitesses, que l'on eut considérées comme fantastiques il y a peu d'années, force a été d'adapter à ces conditions nouvelles des machines nouvelles..... et les constructeurs y ont réussi.

Une des industries qui ont dû se transformer pour suivre les rapides évolutions que nous venons d'indiquer, a été celle des *balais* en charbon qui ont remplacé d'une façon presque complète les anciens frotteurs en fils ou lames de cuivre utilisés à l'origine.

Mais les conditions exigées étaient chaque jour plus difficiles et les innombrables applications des moteurs et génératrices électriques nécessitent forcément un nombre considérable de types différents afin d'avoir, dans chaque cas particulier, le maximum de rendement possible.

(1) Depuis lors un projet a vu jour qui utilise une chute de 1650 m (Fully, près Martigny en Valais également).

Les plus grandes difficultés ont certainement été rencontrées dans les machines électriques actionnées par des turbines à vapeur dont l'accouplement direct exigeait des vitesses circonférentielles au collecteur, de 40 à 50 m.

Dans ces cas, la perte en frottement au collecteur ou aux bagues atteignait une réelle importance.

Mais souvent le problème était très complexe, et il fallait, en même temps, obtenir une excellente commutation, un faible coefficient de frottement et une absence de bruit aussi complète que possible.

La nécessité impérieuse a cependant réussi à faire triompher de toutes les difficultés, à vaincre tous les obstacles, aussi, après de nombreuses recherches et en suite de multiples expériences, les fabricants de balais en charbon sont actuellement en mesure de fournir des séries de qualités qui s'imposeront à l'attention des techniciens.

Il faut dire toutefois que les résultats obtenus ont été grandement facilités par le fait de la collaboration toujours plus intime des fabricants de charbons et des constructeurs ou exploitants de machines électriques.

Qualités que doit avoir un balai en charbon

Ces qualités sont très diverses, et, suivant les cas, on exigera une résistance mécanique plus ou moins grande, une résistivité telle qu'avec le minimum de perte de contact on obtienne la meilleure commutation, un faible coefficient de frottement, etc. D'autre part, le balai ne devra pas encrasser le collecteur et surtout n'être pas d'un prix hors de proportion avec les services rendus.....

Enfin, dans certaines machines dont les micas, séparant les lames du collecteur, sont particulièrement durs, il y a avantage à trouver des charbons ayant une résistance mécanique suffisante pour user ces minces lamelles, qui ne tarderaient pas à se trouver en saillie et à provoquer de graves inconvénients de contact.

Nous signalerons encore une qualité essentielle que doivent posséder certains balais en charbon — ceux à haute conductibilité, pour machines dynamos à basse tension (galvanoplastie, etc.) — c'est une homogénéité parfaite.

En effet, ces balais sont formés de graphite et de cuivre, avec des pourcentages de ce métal, graduellement croissants au fur et à mesure que le voltage de la machine est plus minime.

Il y a donc une très grande importance à ce que ces deux poudres (graphite et cuivre) soient intimement mélangées, car des amas de l'une ou de l'autre en des points de la masse offriraient de sérieux inconvénients.

Nous reproduisons quelques micro photographies de plusieurs qualités graphite et cuivre de la marque « Le Carbone » qui permettent de se rendre compte de l'homogénéité parfaite de ces produits.

Classification des balais en charbon

Malgré la multiplicité des cas qui peuvent se présenter, et malgré le grand nombre de types qu'il a fallu créer, les fabricants de balais en charbon ont admis une classification arbitraire et séparent leurs produits en trois grandes classes : 1° balais de haute conductibilité ; 2° balais de conductibilité moyenne ; 3° balais de faible conductibilité.

La gamme, très étendue, des résistances électriques varie dans la marque « Le Carbone », par exemple, et pour les divers types de balais, d'une résistivité de moins de 300 microhms-centimètre pour ceux à grande conductibilité jusqu'à plus de 6.000 microhms-centimètre pour les cas où des commutations difficiles rendent nécessaire l'emploi de balais particulièrement résistants.

Pour bien montrer combien les fabricants se sont efforcés de serrer de près les problèmes les plus difficiles, nous décrirons quelques qualités de balais « Le Carbone ».

a) **Types de haute conductibilité pour machines à bas voltage (galvanoplastie, survolteurs, etc.).** — Le balai MC2, permettant une densité de courant de 20 à 25 ampères par centimètre carré, convient particulièrement pour les machines allant de 0 à 5 ou 6 volts ; le balai KK4, d'une résistivité de 300 microhms-centimètre, et qui permet une densité de courant de 18 ampères par centimètre carré, a été établi pour les tensions de 6 à 20 volts ; enfin, le balai KK^3, déjà plus résistant (500 microhms-centimètre) et admettant une densité de courant de 15 ampères par centimètre carré de surface, trouve son emploi dans les génératrices et survolteurs de 20 à 50 volts (pour vitesses périphériques de 20 m par seconde).

b) **Types de conductibilité moyenne pour génératrices et moteurs à courant continu.** — Dans cette classe, la résistivité des charbons est déjà beaucoup plus élevée, naturellement. Le balai X, d'une résistivité de 2.000 microhms-centimètre, convient dans les cas de machines à gros débit, faible voltage (110 volts) et couplage direct. Il permet une densité de courant de 10 ampères par centimètre carré et peut être utilisé pour des vitesses circonférentielles des collecteurs, de 10-12 m par seconde.

Lorsque cette vitesse est portée à 25 m, il est conseillable d'admettre la qualité « 2904 » qui participe des mêmes autres constantes de densité de courant et de résistivité, mais qui est caractérisée par une plus grande consistance mécanique.

Enfin, toujours avec les mêmes densités de courant et résistivité, mais lorsque les vitesses périphériques atteignent 45 mètres-seconde, il faut employer une des qualités $\alpha F.C^1$, $\alpha F.C^2$, $\alpha F.\ C^3$ qui conviennent pour les grandes vitesses, mais qui ont entre elles des différences d'applications sur lesquelles le fabricant renseignera complètement le constructeur.

Pour terminer avec les types de conductibilité moyenne, nous mentionnerons encore : la marque Z qui s'applique aux machines à 110-220 volts, de 10 chevaux à 200 chevaux ; sa résistivité est de 3.500 microhms-centimètre, la densité normale admissible, de 7-8 ampères et elle convient pour des vitesses de 15-20 mètres-seconde. La marque $\alpha F.C^4$, d'une résistivité de 4.000 microhms-centimètre, permet d'atteindre des vitesses périphériques de 35 m ; densité normale admissible : 10 ampères par centimètre carré.

c) **Types de faible conductibilité pour hauts voltages.** — Nous terminerons cette nomenclature par les qualités extra-résistantes qui sont : le balai GS, d'une résistivité de 4.500 microhms-centimètre, qui admet des densités de 6 à 7 ampères par centimètre carré et permet des vitesses circonférentielles de 15 à 20 mètres-seconde ; ce balai convient pour les dynamos et moteurs de tous voltages.

La qualité L.F.C., qui peut être utilisée pour des vitesses de 25 m par seconde et des densités de courant de 10 ampères, a également une résistivité de 4.500 microhms-centimètre et convient pour les commutatrices, ainsi que les moteurs et génératrices de tous voltages, à variations de charges considérables.

Enfin, les différentes qualités QS, d'une résistivité de 6.000 microhms-centimètre, sont d'un emploi courant pour 500 volts et au-dessus.

Ces balais, dont les divers types permettent des densités de courant allant de 6 ampères à 3 ampères par centimètre carré, sont surtout indiqués dans les cas d'enroulements spéciaux, puis lorsque des difficultés de commutation rendent nécessaire l'emploi d'un balai résistant, enfin dans le cas de moteurs réversibles à charge variable dont les balais doivent garder un calage fixe.

d) **Frotteurs pour bagues collectrices.** — Parmi les divers types que nous venons de décrire, il en est qui, par leur haute conductibilité et leur très faible coefficient de friction, sont tout naturellement indiqués pour donner d'excellents résultats sur les bagues.

Pour les bagues fonte et acier, les qualités X et L.F.C^3, qui permettent respectivement des vitesses de 15 m et de 45 mètres-seconde, avec des densités de courant de 10-12 et 12-15 ampères par centimètre carré, conviennent bien, tandis que pour les bagues de bronze, laiton ou cuivre et fonte, on utilisera les balais KK^2 et KK^3 qui autorisent des densités de 15 à 20 ampères pour des vitesses de 30 mètres-seconde.

Quant aux qualités KK4 et MC2, dans lesquelles on peut admettre des densités respectives de courant de 20-25 ampères et de 25-30 ampères avec une vitesse périphérique de 30 mètres-seconde, elles trouvent leur emploi lors de bagues en bronze et fonte et de bagues en bronze dur.

Résultats d'essais

Il est certain que ce qui intéresse surtout le constructeur lors de l'emploi de balais en charbon, c'est d'être assuré d'une perte au contact aussi petite que possible pour une intensité donnée, et d'un faible coefficient de friction en fonction de la vitesse ; or l'expérience seule peut renseigner sur les valeurs respectives de diverses qualités, mais les essais sont longs et délicats.

Nous donnons ci-dessous les résultats d'essais complets de la plupart des balais « Le Carbone » que nous avons examinés et ces courbes pourront rendre service aux constructeurs.

1er GRAPHIQUE.

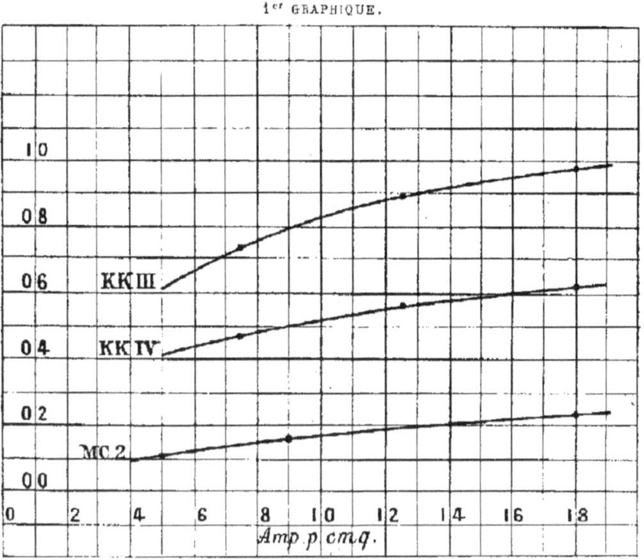

Fig. 12. — *Courbes donnant pour chaque qualité, la perte au contact totale du balai + et du balai — montés en série sur un collecteur sans induit et court-circuité.*

2e GRAPHIQUE.

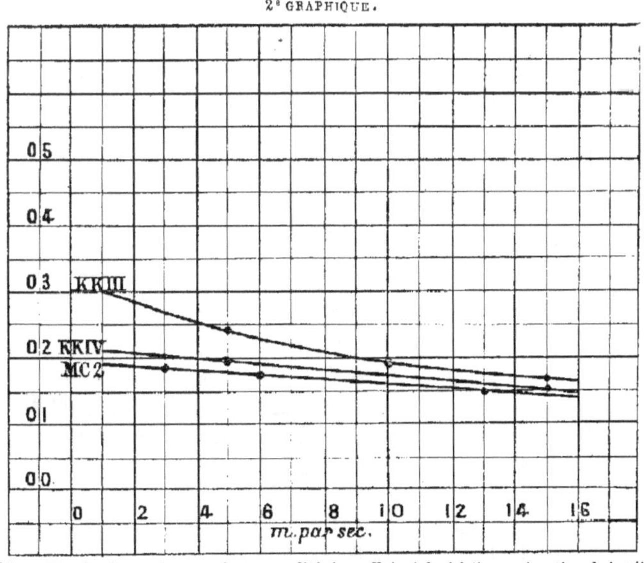

Fig. 13. — *Courbe donnant, pour chaque qualité, le coefficient de friction en fonction de la vitesse.*

1er et 2e graphiques : Qualités KK et MC[2] (charbons mélangés de cuivre, pour courants très intenses, machines à courant continu à bas potentiel, bagues collectrices, etc).

3e GRAPHIQUE.

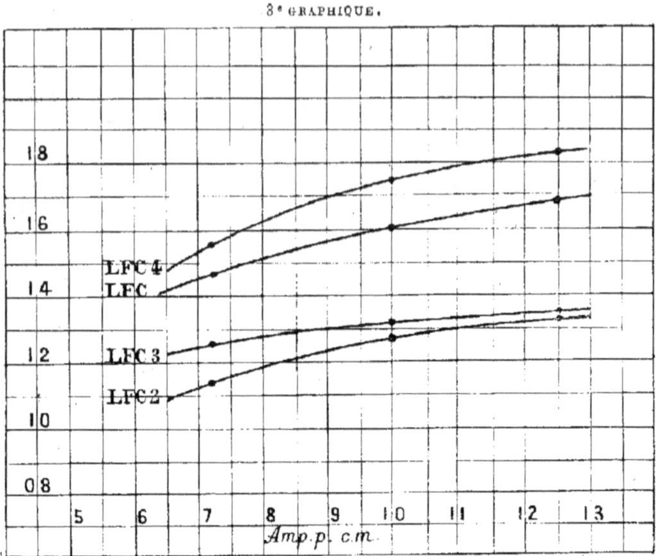

Fig. 14. — *Courbe donnant pour chaque qualité, la perte au contact contact totale du balai + et du balai — montés en série sur un collecteur sans induit et court-circuité.*

4e GRAPHIQUE.

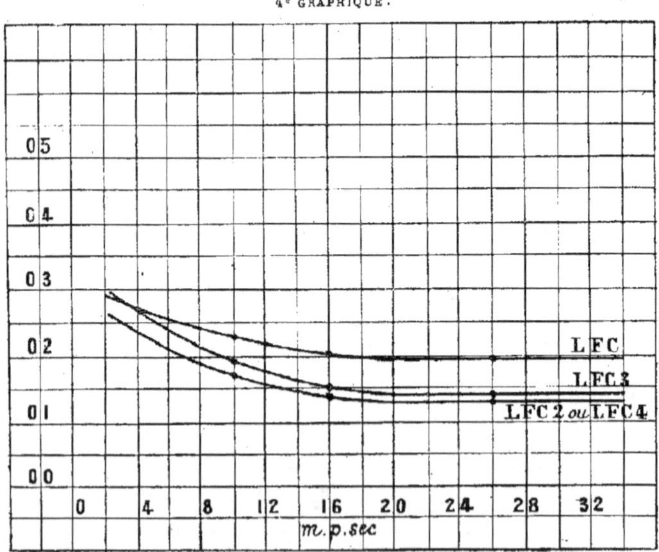

Fig. 15. — *Courbes donnant pour chaque qualité, le coefficient de friction en fonction de la vitesse.*

3e et 4e graphiques : Qualité LFC (charbons permettant des densités de courant élevées et de très grandes vitesses circonférentielles — 25 à 45 mètres seconde).

5e GRAPHIQUE.

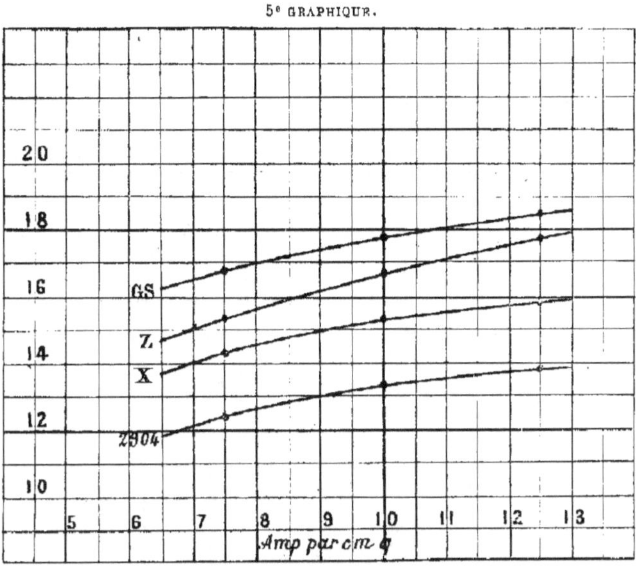

Fig. 16. — *Courbes donnant, pour chaque qualité, la perte au contact totale du balai + au balai — montés en série sur un collecteur sans induit et court-circuité.*

6e GRAPHIQUE.

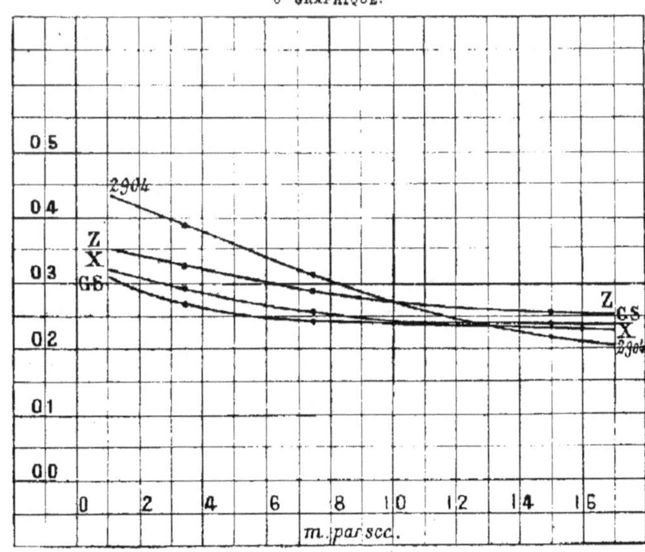

Fig. 17. — *Courbes donnant, pour chaque qualité, le coefficient de friction en fonction de la vitesse.*
5e et 6e graphiques : Qualités X et Z : charbons de haute conductibilité et faible coefficient de frottement ; GS : balai type de dureté moyenne ; 2904 : balai électrographitique semi-tendre.

7° GRAPHIQUE.

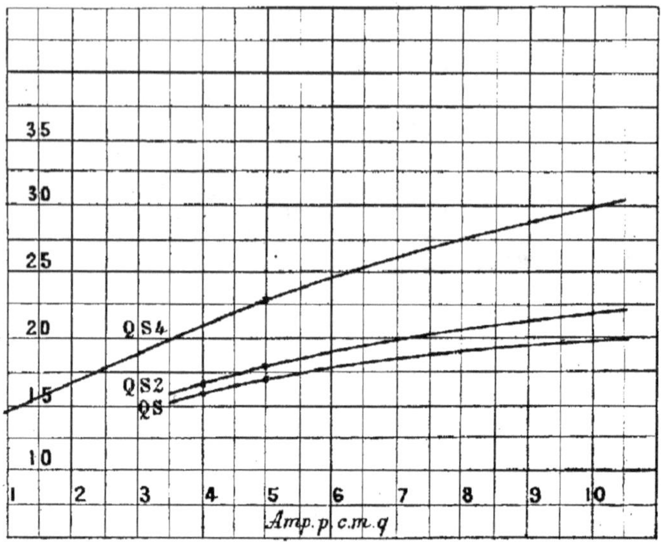

Fig. 18. — *Courbes donnant, pour chaque qualité, la perte au contact totale du balai + et du balai — montés en série sur un collecteur sans induit et court-circuité.*

8e GRAPHIQUE.

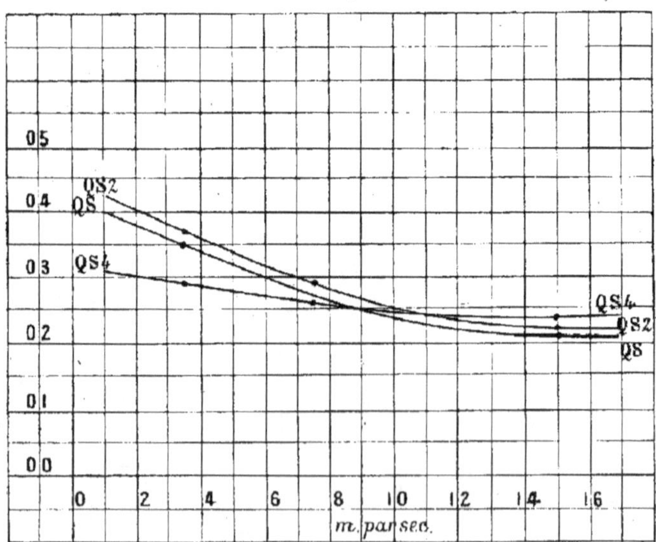

Fig. 19. — *Courbes donnant, pour chaque qualité, le coefficient de friction en fonction de la vitesse,* 7e et 8e graphique : Qualités QS (balais de faible conductibilité, pour voltages élevés et commutations difficiles).

9e GRAPHIQUE

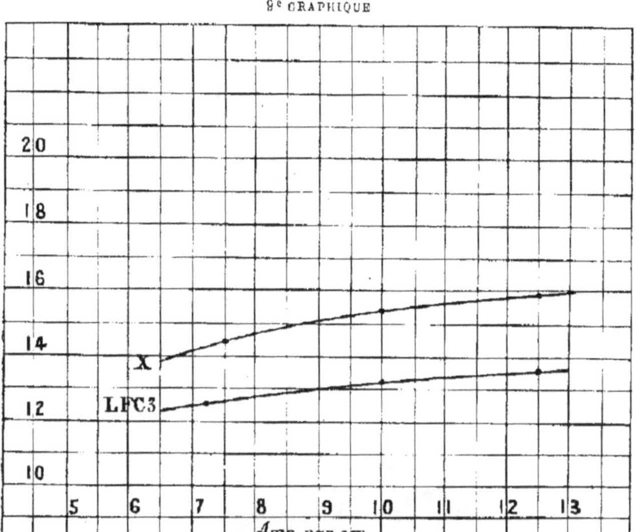

Fig. 20. — *Courbes donnant, pour chaque qualité, la perte au contact totale du balai + et du balai —, montés en série sur un collecteur sans induit et court-circuité.*

10e GRAPHIQUE,

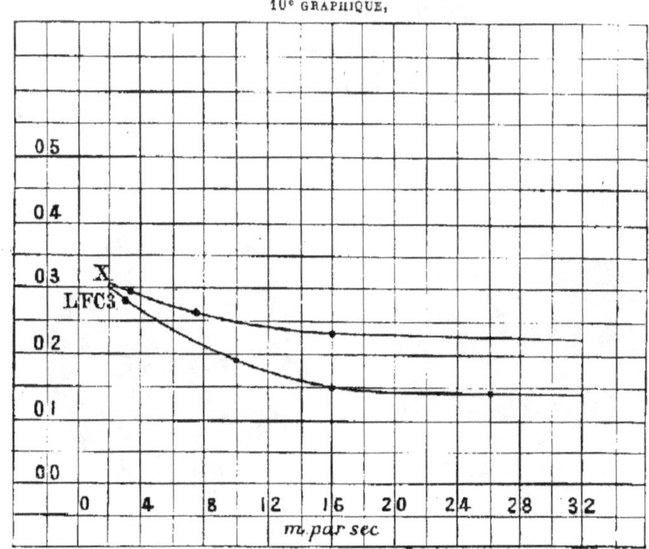

Fig. 21. — *Courbes donnant, pour chaque qualité, le coefficient de friction en fonction de la vitesse.*

9e et 10e graphiques : Qualités X et LFC2 : balais électrographitiques à haute conductibilité et faible coefficient de frottement. (Moteurs pour bagues collectrices).

Nous continuerons, pour ces graphiques, l'ordre que nous avons suivi précédemment, c'est-à-dire que nous commencerons par les qualités à haute conductibilité, pour finir par celles à résistance élevée (fig. 12 à 31).

* * *

Les essais que l'on peut faire au laboratoire, relativement aux balais en charbon, sont de deux sortes : essais mécaniques, essais électriques.

Il faut tout d'abord, brisant l'un des échantillons, s'assurer de la régularité de grosseur des grains et de l'homogénéité de la masse. L'aide de la loupe est recommandable (fig. 22, 23, 24).

Qualité MK2 (25 ampères par cm²).

Fig. 22. — *Micrographie d'un charbon contenant une très forte proportion de poudre de cuivre, pour très faibles voltages et grandes intensités.*

Qualité KK3 (15 ampères par cm²).

Qualité KK4 (20 ampères par cm²).

Fig. 23 et 24. — *Micrographie de charbons contenant des quantités importante de cuivre, mais moins que la qualité MK2.*

Les balais n'ayant pas à supporter de grands efforts, la pression maximum à conseiller ne doit pas dépasser 200 gr. par centimètre carré ; ainsi que nous le verrons, un essai complet de la dureté n'aurait pas sa raison d'être ; il suffit d'attaquer l'échantillon au moyen d'une lime douce ou demi-douce. Avec un peu d'attention et de pratique, en appuyant plus ou moins fort en limant, on peut se rendre assez bien compte du degré de dureté et surtout voir si, sous l'action de la lime, des esquilles se séparent des bords du charbon. Cet essai à la lime se rapproche du genre d'usure que le balai aura à subir de la part du collecteur qui, plus ou moins poli, attaque la matière constituante du charbon.

Au point de vue électrique, nous avons donné suffisamment de résultats d'essais pour n'y pas revenir, toutefois, nous désirons faire un certain nombre de recommandations au sujet des précautions à prendre lors de ces essais.

Lorsqu'on expérimente sur une machine toute montée, il faut tenir compte : 1° de l'état du collecteur ; 2° de l'état du porte-charbon.

En effet, il est de toute importance qu'avant un essai quelconque, le collecteur soit parfaitement tourné et poli, de façon à présenter une surface absolument lisse et régulière.

Quant au porte-charbon, il doit être examiné attentivement, si l'on mesure le voltage du collecteur à la tige des porte-charbons, car, dans ce cas, entrent en ligne de compte : *a*) la perte au contact entre le collecteur et le balai ; *b*) la résistance propre de celui-ci ; *c*) la résistance au contact entre le balai et le porte-balai ; *d*) la résistance propre de celui-ci ; *e*) enfin, la perte au contact entre le porte-balai et la tige sur laquelle il est fixé.

Pour améliorer la conductibilité du porte-balai, on utilise presque toujours un shunt en cuivre allant du charbon au talon du porte-balai ; il faut veiller à ce que cette lame de cuivre soit bien complète et solidement fixée, car il nous a été souvent donné de voir dans des moteurs étincelant par mauvaise commutation, les étincelles diminuer ou disparaître lorsqu'on enlevait le shunt du porte-balai, prouvant qu'une résistance importante existait dans tout le système, qui était fortement diminuée par la lame de cuivre.

Nous avons vu, jusqu'à présent, les pertes ou résistances de contact en fonction des vitesses, pour une pression déterminée ; il n'est pas sans intérêt de connaître l'effet de cette pression du charbon sur le collecteur au point de vue de la résistance de contact.

Nous donnerons, d'après M. G. de Sauzéa, des résultats d'essais fort intéressants.

La pression du charbon sur le collecteur doit être telle qu'elle ne puisse provoquer une usure trop rapide, il faut donc se garder

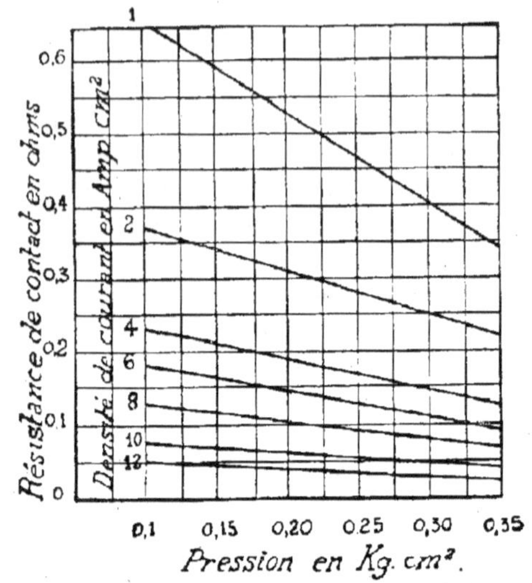

Fig. 25. — *Perte ohmique selon la pression du charbon sur le collecteur.*

d'augmenter trop cette pression, quoique cela ait pour effet de faire baisser la résistance de contact, ainsi que le démontrent les diagrammes figures 25 et 26, le premier se rapportant à un charbon dur et le second à un charbon tendre.

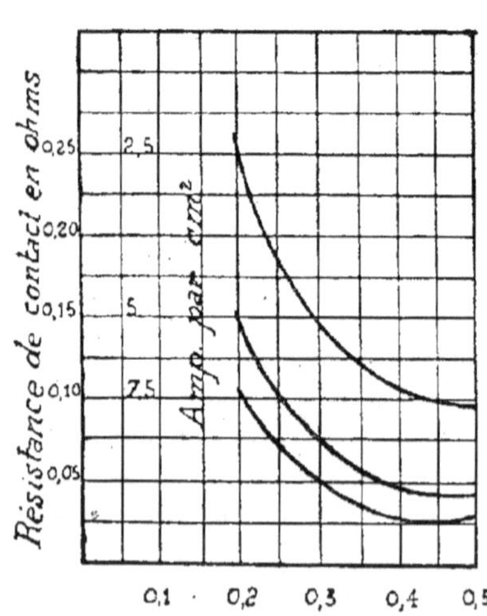

Fig. 26. — *Perte ohmique selon la pression du charbon sur le collecteur.*

Ainsi qu'on le voit, la chute ohmique dans le balai est particulièrement fonction de la dureté de celui-ci ; le tableau suivant suffit pour estimer la perte par effet Joule dans le balai, qu'on peut facilement calculer, ayant pour chaque cas la chute ohmique, et connaissant l'intensité du courant :

Qualité du charbon	Chute en volts (négative + positive)
Très dur	2,4 à 3
Dur	2 à 2,4
Tendre	1,4 à 2
Très tendre	0,9 à 1,4

Comme nous l'avons déjà vu, la vitesse périphérique est, au point de vue mécanique, un facteur dont il faut tenir compte. Le diagramme figure 27 donne les valeurs des pertes par frottement calculées avec un coefficient de frottement de 0,3 pour un charbon très dur et une pression de $0^k,1$ par centimètre carré.

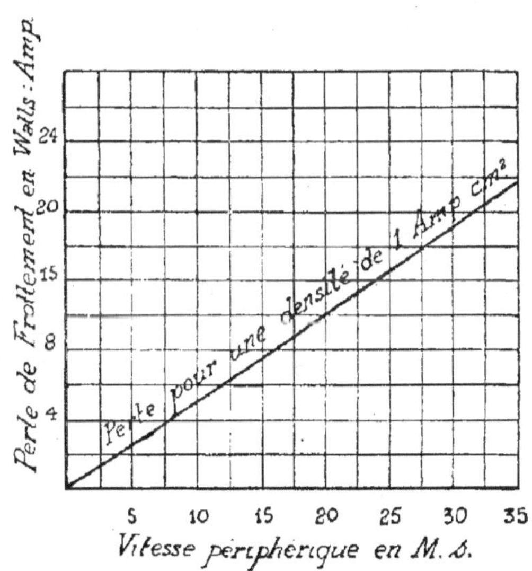

Fig. 27. — *Perte de frottement en watts, selon la vitesse.*

V. — Électrodes en charbon pour fours électriques

Composition et fabrication des électrodes

Il n'existe naturellement pas une composition invariable et la fabrication varie d'un endroit à un autre.

Chaque usine fabrique ses électrodes selon ses besoins et suivant les matières dont elle dispose.

Les qualités que l'on exige d'une électrode varient selon l'application que l'on en veut faire et chaque localité peut fournir dans de plus ou moins bonnes conditions les matières premières nécessaires à la fabrication.

Nous donnerons quelques renseignements sur la composition et la fabrication des électrodes dans diverses usines.

A La Praz, M. Héroult utilise comme électrodes des prismes carrés de 360 mm de côté et de $1^{m}700$ de longueur ; ils sont formés de charbon de cornue contenant 1 à 2 % de soufre. L'agglomérat est obtenu par du goudron. Le coke coûte à La Praz 50 francs la tonne, et les électrodes finies 10 centimes le kilogramme. Les électrodes ne sont pas entièrement consumées et les morceaux qui restent servent à faire de nouvelles électrodes moyennant une dépense de 2 centimes par kilogramme. L'installation pour fabriquer les électrodes vaut, suivant M. Héroult, environ 25.000 francs.

A l'usine de Kinlochleven, on emploie de l'anthracite calciné à 1000° C (et non à 3.000° C, c'est-à-dire non graphité).

La fabrication comprend cinq phases :

1° Le coke de pétrole est d'abord calciné pour éliminer les matières volatiles et augmenter en même temps le poids spécifique et la conductibilité ;

2° Le produit calciné est pulvérisé ;

3° La matière pulvérulente ainsi obtenue est mélangée à l'agglomérant dans un malaxeur à enveloppe de vapeur ;

4° Le mélange est moulé ;

5° Le bloc est soumis à la cuisson qui prend cinq jours. Après refroidissement, on brosse les électrodes, lesquelles sont prêtes à être mises en magasin.

Le coke de pétrole, qui est obtenu comme résidu de la distillation des huiles de schiste, retient de 5 à 13 % d'hydrocarbures volatils qui ne sont pas entraînés avec les huiles lourdes, et il renferme en outre un faible pourcentage de matières minérales (0,2 %).

La calcination de ce produit s'effectue dans des constructions rectangulaires en maçonnerie et demande environ 5 heures. La température est d'environ 2.000° dans la zone la plus chaude.

Cette opération est des plus onéreuses, car 30 % environ du coke sont brûlés pour atteindre la température nécessaire, soit une consommation de combustible de 22 %, puisque la moyenne des matières volatiles est de 8 %. En opérant avec des cornues horizontales, on n'a plus qu'une perte de 20 %. Avec le gaz de générateur, l'avantage est encore plus net : un coke contenant 10 % de substances volatiles n'a donné qu'une perte totale de 15 % et, dans ce cas, il n'est pas nécessaire de dépasser 1.000° C.

La densité des produits obtenus de cette manière est un peu inférieure (1,95) à celle des électrodes calcinées dans les fours verticaux, mais à tous les autres points de vue, ils sont tout à fait satisfaisants.

La pulvérisation du coke calciné s'effectue en deux opérations :

1° Broyage de façon à ce que le produit passe dans un crible dont les mailles ont 3/8 de pouce ;

2° Pulvérisation proprement dite.

Il est très important d'arriver à une mouture où la proportion des grains et de la poussière impalpable soit exactement proportionnée. Voici un exemple de bonne mouture : à travers 100 mailles : 40 ; 60 mailles : 15 ; 30 mailles : 20 ; 16 mailles : 15 ; entre 16 et 8 mailles : 10.

Comme le coke de pétrole est une matière première dont la production est strictement limitée par l'importance des usines traitant les huiles de schistes, on a dû s'adresser à d'autres variétés de carbone (le charbon de cornue a aussi une production très restreinte). A Greenock, on traite :

1° Les électrodes retournées après emploi dans les fours Foyers ;

2° Le charbon des cornues ;

3° L'anthracite d'Ecosse et du Pays de Galles ;

4° Le charbon bitumineux ;

5° Le graphite.

L'anthracite constitue la matière première la plus intéressante en raison de sa production pour ainsi dire illimitée ; mais il ne faut pas qu'il contienne plus de 0,5 % de silice, et 0,2 % d'oxyde de fer.

Les essais qui avaient été faits avec le charbon bitumineux ne furent pas poursuivis ; on était cependant arrivé, avec des houilles de ce type contenant 3 % de cendres, à réduire le pourcentage de silice à moins de 0,1 %. Le procédé employé consistait en un traitement à chaud par une solution concentrée d'alcali caustique, après quoi les silicates formés étaient éliminés par lavage au moyen d'une solution acide faible. L'oxyde de fer devait être ultérieurement éliminé, mais c'est là que des difficultés sérieuses se présentèrent.

Le coke pulvérisé est mélangé à 90° C environ, dans des malaxeurs-pétrisseurs à enveloppe de vapeur, avec une certaine quantité de brai goudronneux (22 % du poids du mélange) ; cet agglomérant doit être du type moyennement dur à 50 % de matières volatiles telles qu'on les détermine par un essai rapide. Le goudron employé pour les revêtements des fours électriques et qui contient 60 % de matières volatiles serait trop mou pour cet usage.

Enfin la cuisson des électrodes se fait, à Kinlochleven, dans de grands fours à régénération : la température maximum y est de 1.400° C.

Les électrodes sont placées dans des caissons réfractaires remplis de cendres fines, le combustible est du gaz de générateurs fourni par un appareil du type Mason.

Essais des électrodes

Pour la mesure des conductibilités thermiques et électriques moyennes des électrodes de four, nous indiquerons la nouvelle méthode proposée par M. C. Hering et publiée dans les *Transaction of the American Electrochemical Society*, de South Betlehem.

La base de cette méthode est une formule déduite par l'auteur des relations existant entre la température et le flux de chaleur dans certaines conditions.

L'électrode soumise à l'essai est supposée isolée parfaitement sur toute sa longueur, sauf aux deux extrémités qui sont refroidies par circulation d'eau et maintenues à une température relativement basse.

Si l'on fait passer un courant de forte intensité, il y a élévation de température, avec un maximum au milieu et deux minima aux extrémités. Si l'on mesure les températures au moyen d'un pyromètre introduit au milieu de la longueur de la tige, on remarque, après un certain temps de passage du courant, que le pyromètre cesse de monter, l'équilibre étant obtenu. On note la température au centre et aux extrémités, l'intensité du courant et le voltage aux extrémités. Le produit des ampères par les volts donne le nombre de watts absorbés par le dispositif.

La conductibilité calorifique de la substance formant l'électrode est donnée par la formule :

$$k = \frac{WL}{8fTS},$$

dans laquelle k est la conductibilité calorifique moyenne en petites calories par seconde par pouce cube, W les watts, L la longueur en pouces, S la section en pouces carrés, T la différence de température, en degrés centigrades, entre le milieu et les extrémités et f l'équivalent électrique de la chaleur 4,168 (0,425 × 9,809) par lequel il faut multiplier les petites calories pour les réduire en watts.

Réduite à sa forme la plus simple, cette formule devient :

$$k = 0,02986 \frac{WL}{TS}.$$

On peut employer pour ces déterminations soit le courant continu, soit le courant alternatif, le premier étant cependant préférable pour la commodité des lectures.

Des lectures des volts et des ampères de ce même essai, on peut déduire facilement la résistivité électrique en appliquant la formule :

$$r = \frac{ES}{IL},$$

r étant la résistivité en ohms par pouce cube, I l'intensité du courant, E la force électromotrice et L et S, comme ci-dessus, la longueur et la section en pouces.

M. Hering réalise pratiquement un excellent isolant calorifique par la disposition suivante :

Il entoure la barre soumise à l'essai d'un certain nombre de tubes semblables entre eux, encastrés dans la même matière isolante et placés parallèlement et aussi près que possible de l'électrode à l'essai. Les extrémités de tous ces tubes sont également refroidies par circulation d'eau. Ils sont reliés électriquement entre eux et en série avec l'électrode, de façon à être parcourus par le même courant.

CHAPITRE III

La fabrication des filaments pour lampes à incandescence

I. — GÉNÉRALITÉS

Qualités que doit posséder un filament

Peu de substances sont soumises à un traitement aussi dur que celles dont sont composés les filaments de lampes à incandescence.

En effet, la substance doit pouvoir, avant tout, former des fils réguliers ; ensuite, elle doit être étudiée au point de vue des propriétés physiques suivantes : résistance électrique, tension de vapeur au point de fusion, pouvoir émissif, répartition des radiations dans le spectre, résistance mécanique.

Pour l'emploi sur tous les courants industriels, ses propriétés électriques doivent être satisfaisantes à chaud, et il ne doit pas se produire d'électrolyse comme dans certains oxydes métalliques. Au point de vue du vide, on a reconnu qu'un filament de tungstène absorbait dans le vide 9,8 watts et que, dans un gaz inerte, pour le maintien de la même température, il fallait lui fournir 63,9 watts.

La résistance à chaud doit être élevée pour permettre l'emploi de conducteurs relativement courts, de diamètres pas trop fins et cela sur les tensions industrielles les plus courantes. Les filaments métalliques exigent plus de longueur que ceux en carbone et le nombre de points d'attache est une cause de perte de chaleur.

Il est désirable que les filaments possèdent un haut coefficient de température pour qu'une variation de tension soit aussi peu sensible que possible sur le wattage et le pouvoir lumineux.

Une augmentation de tension de 1 % conduit, pour la lampe au tungstène, à une augmentation de wattage de 1,59 % et un accroissement de pouvoir lumineux de 3,75 %.

Ces quantités, relativement aux substances employées, sont respectivement, pour une augmentation de tension de 1 % :

Substance	Augmentation de wattage en %	Augmentation du pouvoir lumineux en %
Tungstène	1,59	3,75
Tantale	1,72	4,27
Carbone métallisé	1,77	4,96
Carbone traité	2,07	5,69
Carbone non traité	2,32	7,10

Les variations rapides de tension (courants alternatifs) sont d'autant moins sensibles sur l'état lumineux que le filament est plus gros et la fréquence plus élevée.

Dans le cas de filaments au tungstène, la résistance à froid est un onzième de la résistance à chaud. Le courant de départ est très élevé mais aussi très passager.

Il faut pouvoir faire travailler le filament à température aussi élevée que possible pour obtenir le plus de radiations dans la partie lumineuse du spectre. Ce point est limité par la tension de vapeur si celle-ci est élevée ou par le point de fusion si la tension de vapeur est basse. La forte tension de vapeur du carbone, qui le fait se sublimer au-dessous de son point de fusion, l'empêche d'être employé à la température des filaments de tungstène. Il peut l'être pendant un temps très court, mais aux dépens de la durée de la lampe.

Les filaments diffèrent également entre eux par leurs propriétés de rayonnement. Le pouvoir émissif ne joue pas de rôle sur le rendement lumineux, mais il détermine la longueur et le diamètre. Il faut naturellement choisir la substance qui, à une température appropriée, donne le plus de radiations dans la partie visible du spectre. Aux températures normales d'emploi, le Dr Hyde conclut que l'osmium est de 40 à 50 % meilleur radiateur que le carbone non traité, le tungstène 25 à 30 % meilleur, et le tantale 10 à 15 %.

L'osmium a une grande partie de ses radiations dans la région lumineuse du spectre, malheureusement son point de fusion est trop bas. Le tungstène peut être employé à température plus élevée.

Au point de vue de la consommation en watts par bougie, on sait qu'avec les lampes à filament de carbone il faut compter au moins de 2,5 à 3 watts par bougie et que la première lampe à filament métallique, la tantale, consommait 1,6 watt. La maison Siemens, qui avait lancé cette lampe, avait pu — et c'était là son secret de fabrication — utiliser un minerai de tantale, et le rendant ductile, le réduire en filaments ténus dont les diamètres correspondaient au rendement lumineux.

Les autres fabricants se rejetèrent sur le minerai de tungstène, ou wolfram, d'où les lampes Osram, Z, Sirius-Colloïd, Métal, A. E. G., Westinghouse, etc. Les lampes à filament de tungstène sont plus fragiles, mais plus économiques (1 watt par bougie).

Nous donnerons d'ailleurs plus loin des résultats d'essais de filaments de diverses substances.

Dans cette rapide revue des corps utilisés pour la fabrication des filaments de lampes à incandescence, il ne sera pas sans intérêt d'indiquer, d'après les expériences de Moissan, les points d'ébullition des substances les plus réfractaires, qui sont naturellement celles sur lesquelles s'est portée l'attention des inventeurs.

Platine	2.650° C.
Titane	2.700 —
Rhodium	2.750 —
Ruthénium	2.780 —
Or	2.800 —
Palladium	2.820 —
Iridium	2.850 —
Osmium	2.950 —
Uranium	3.100 —
Molybdène	3.350 —
Tungstène	3.700 —

Rendement lumineux des diverses sources d'éclairage

Il est certain que le rendement lumineux d'une source ne peut être établi que d'après l'impression produite sur l'œil, et c'est la sensibilité de celui-ci pour certaines radiations qui déterminera le choix ou le rejet des corps soumis à l'expérience.

On sait que la plus petite longueur d'onde des radiations visibles est de 0μ,4 et la plus grande 0μ,78 dans l'extrême rouge. En deçà des radiations de 0μ,4 de longueur d'onde, on va dans l'ultra-violet, dans lequel on a obtenu, comme limite, des radiations dont la longueur d'onde est de 0μ,1. Au delà de 0μ,78 s'étend l'infra-rouge qu'on peut déceler par la photographie jusqu'aux radiations de longueur d'onde $1\mu,5$.

Une des diverses définitions du rendement lumineux d'une source pourrait être, d'après H. Ollivier :

l étant l'énergie rayonnée dans le spectre visible $\left(l = \int_{0\mu,4}^{0\mu,78} e d\lambda \right)$ et

r étant l'énergie rayonnée dans l'infra-rouge $\left(r = \int_{0\mu,78}^{\infty} e d\lambda \right)$:

$$\frac{l}{l + r}.$$

C'est le quotient de l'émission dans le spectre visible par l'émission totale (l'émission dans l'ultra-violet est le plus souvent négligeable).

La sensibilité de l'œil étant très rapidement variable en fonction de λ dans le spectre visible, il vaut mieux, dans l'expression de l, restreindre les limites de l'intégrale définie ($0\mu,45$ à $0\mu,65$, par exemple, ou même $0\mu,50$ à $0\mu,55$).

* * *

Pour mieux comprendre l'influence des diverses sources lumineuses sur l'œil, rappelons qu'il y a lieu de distinguer dans le spectre visible :

1° Une région centrale comprenant le vert et le jaune verdâtre, entre les longueurs d'onde $0\mu,50$ et $0\mu,55$, pour laquelle l'œil est extrêmement sensible ;

2° Les autres régions, de longueurs d'onde plus grandes ou plus petites, pour lesquelles la sensibilité de l'œil diminue très vite à mesure qu'on s'éloigne de la région centrale. Ainsi une radiation rouge feu doit avoir une intensité cent fois plus grande environ qu'une radiation verte pour être perçue.

Le rendement lumineux de toutes les sources connues est toujours très petit ; la bougie, le bec dit « papillon », les lampes à huile, à pétrole, etc., ont un rendement déplorable ne dépassant pas quelques millièmes, ce qui correspond à une dépense de 60 à 100 watts par bougie.

En vertu de la loi du déplacement de Wien, le rendement lumineux du corps noir est d'autant meilleur que la température est plus élevée. A la température de 5.500° absolus, le maximum d'émission se trouverait au milieu du spectre visible et le rendement serait maximum, quoique encore médiocre, l'énergie rayonnée dans l'infra-rouge étant encore relativement très grande.

Le maximum de l'émission solaire n'est pas très éloigné de remplir cette condition ; il est dans l'orangé. Le rapport :

$$\frac{l}{l+r} = \frac{14}{100},$$

mais le véritable rendement ρ est évalué à 0,05 environ.

* * *

Il faudrait donc pouvoir faire une sélection parmi les nombreuses radiations et trouver des corps n'émettant que des radiations de longueurs d'onde perceptibles à l'œil, ce qui est en partie le cas pour la lumière émise par le ver luisant.

Il conviendrait donc d'avoir des corps tout à fait opaques et non réfléchissants pour les radiations visibles et tout à fait transparents dans l'infra-rouge. De tels corps rayonneraient autant que le corps noir dans le spectre visible et ne seraient pas émissifs dans l'infrarouge.

Les corps de ce genre sont appelés corps colorés ou à émission sélective. Au rouge blanc, la magnésie, la cérite et plusieurs autres oxydes se rapprochent des conditions ci-dessus.

La plus remarquable de ces substances est la substance constituant les manchons Auer. La principale propriété de cette substance est sa grande transparence pour l'infra-rouge moyen, c'est-à-dire pour les radiations comprises entre l'extrême rouge visible et les radiations de longueur d'onde 12 μ.

La substance Auer est opaque :

1° Pour les radiations visibles ;

2° Pour les radiations de longueur d'onde supérieure à 12 μ ; elle possède donc un grand pouvoir émissif dans le spectre lumineux ; au contraire, depuis le rouge spectral jusqu'à vers 10 μ, son émission est très faible.

Les manchons Auer. — Le Dr Auer a composé la substance imprégnante de ses manchons d'un mélange intime de 99 % environ d'oxyde de thorium (thO) ou thorine et de 1 % environ d'oxyde de cérium (Ce^2O^3) ou cérite.

Comme nous le verrons lors de l'étude de ces corps, l'oxyde de thorium seul n'est pas capable de communiquer au manchon un pouvoir lumineux considérable ; il faut lui ajouter de petites quantités d'oxyde de cérium, dans les proportions sus-indiquées.

Rubens, qui s'est particulièrement occupé de cette étude, donne de ce fait l'explication suivante :

1° La *thorine* pure à haute température est très transparente pour toutes les radiations sauf pour l'extrême infra-rouge ; elle n'émet donc que des radiations infra-rouges de grandes longueurs d'onde. Le manchon de thorine prend conséquemment une température très élevée (1.900° absolus) mais il ne peut servir à l'éclairage ;

2° La *cérite* est un corps à émission fortement sélective ; cette substance est tout à fait opaque pour les radiations visibles et pour les radiations de très grandes longueurs d'onde et très notablement transparente pour l'infra-rouge moyen.

Si donc nous prenons un manchon de thorine pure à laquelle nous ajoutons une trace de cérite, cette substance étant tout à fait opaque pour les radiations visibles, le manchon devient opaque pour ces radiations, surtout pour le bleu. Le mélange possède donc un grand pouvoir émissif dans le spectre visible ; de plus, il reste transparent pour l'infra-rouge moyen puisqu'on a mis un peu de cérite et que celle-ci est notablement transparente pour ces radiations.

II. — Filaments de carbone pour lampes à incandescence

Le principe de la lampe à incandescence une fois connu, il est tout naturel que l'on ait utilisé le carbone pour la fabrication des filaments.

Bon marché comme matière première, d'une haute résistivité, facile à régulariser comme épaisseur, grâce aux procédés de *nourrissage*, le carbone avait de réels avantages et il a, sans aucun doute, rendu des services considérables durant bien des années.

De très nombreux types de lampes à filament de carbone ont été créés, dont plusieurs tendent à disparaître et n'auront plus, bientôt, qu'un intérêt historique.

Lampe Edison. — Le filament de cette lampe, dont la renommée a été mondiale, est fait avec des fragments de bambou du Japon pris à la surface de la tige, amenés à l'épaisseur voulue et découpés en morceaux renflés à leurs extrémités.

Les filaments sont introduits dans des moules plats en nickel ou en terre réfractaire, qui leur donnent la forme voulue, et que l'on porte, dans des creusets en graphite, à une température suffisante pour carboniser le bambou.

Lorsqu'on a attaché le filament aux fils de platine, on fait le vide dans l'ampoule à l'aide d'une pompe à mercure qui communique avec une tubulure que porte la partie supérieure de la lampe. Quand le vide est suffisant, on fait passer un courant dans le filament de manière à lui faire prendre l'éclat qu'il aura en fonctionnement régulier et à chasser les gaz condensés dans le charbon. Puis on achève le vide et on ferme la tubulure en la scellant à la flamme du chalumeau.

Lampe Swam. — Le filament de la lampe Swam est fait avec des fils de coton tressés. On les fait tremper pendant longtemps dans l'acide sulfurique étendu, on les courbe en forme de boucle et on les chauffe au blanc dans un creuset rempli de poussière de coke.

Lampe Lane-Fox. — Le filament est constitué par des brins de chiendent ou de bouleau carbonisés. On régularise leur diamètre en les plaçant dans des globes remplis de vapeur de benzine et on y fait passer un courant intense qui décompose les vapeurs et donne lieu à un dépôt de charbon sur les filaments (opération du nourrissage).

Dans les parties les plus minces, le dépôt est plus abondant, parce qu'elles offrent plus de résistance au passage du courant, et que, par suite, la température y est plus élevée.

Lampe Maxim. — Dans la lampe Maxim, le filament est découpé dans du papier bristol à l'aide d'un emporte-pièce qui lui donne la forme d'un M ; on le carbonise entre deux plaques de fonte, puis on l'introduit dans l'ampoule où sont des vapeurs de gazoline et on *nourrit* le filament. On régularise ainsi son diamètre comme nous l'avons vu faire pour la lampe *Lane-Fox.*

Lampe Gérard. — Les filaments sont faits avec une pâte formée de matières gommeuses ; on la comprime et on la fait passer à la filière de manière à avoir des fils, que l'on carbonise à l'abri de l'air et que l'on soude de manière à leur donner la forme d'un V renversé.

Lampe Cruto. — Le filament de la lampe Cruto est fait avec une pâte formée par l'action de l'acide sulfurique (150 gr.) sur un mélange d'eau distillée (100 gr.) et de sucre (40 gr.). On ajoute de l'eau jusqu'à ce que le liquide marque 3° Baumé. On filtre et on obtient une pâte que l'on passe à la filière. On sèche à l'air et à l'étuve, puis on carbonise et on nourrit le filament comme nous l'avons vu faire dans les fabrications précédentes.

III. — Les diverses substances utilisées dans l'éclairage électrique

Lors de l'introduction, sur le marché, des manchons de terres rares qu'Auer utilisa et qui révolutionnèrent l'éclairage au gaz, le faisant ainsi un concurrent redoutable de l'éclairage à incandescence électrique, parfois même de l'éclairage à arcs, les électriciens ne se tinrent pas pour battus et cherchèrent à vaincre leurs adversaires avec leurs propres armes, c'est-à-dire par l'emploi de ces terres rares si remarquables.

Les essais furent couronnés de succès, et, chose très curieuse, ce fut celui qui, par l'introduction des manchons à incandescence par le gaz, avait rendu la vie difficile aux électriciens, qui mit à leur disposition une lampe à incandescence électrique utilisant un des nouveaux corps.

En effet, ce fut le Dr Auer lui-même, le propre inventeur des célèbres manchons qui portent son nom, qui étudia et construisit la première lampe électrique à filament autre que du carbone. Auer porta son choix sur l'osmium, métal que l'on trouve associé au platine dans les minerais très complexes d'où l'on retire ce métal. Son poids atomique = 191.

Avant d'étudier la fabrication des divers filaments métalliques utilisés au cours de ces dernières années, il ne sera pas sans intérêt, la plupart des corps employés étant peu connus, d'examiner rapidement chacun d'entre d'eux.

Au point de vue de leur classification par rapport à d'autres corps, Ostwald donne les indications suivantes :

1° Au groupe de l'antimoine et du bismuth se rattachent plusieurs métaux rares qui sont : le *vanadium*, le *niobium*, le *tantale*. On peut également placer ici le *gallium* et l'*iridium*, quoiqu'ils soient apparentés de moins près à ce groupe ;

2° A l'étain se rattachent plusieurs métaux assez rares, notamment le *titane*, le *germanium*, le *zirconium*, le *thorium*. L'oxyde de thorium forme l'élément essentiel des manchons à incandescence ;

3° Dans le groupe du platine, nous trouvons le *ruthénium*, le *rhodium*, le *palladium*, l'*omnium* et l'*iridium* ;

4° Enfin, au chrome se rattachent, par leurs propriétés chimiques, plusieurs éléments métalliques qui se présentent rarement ; ce sont : le *molydbène*, le *tungstène* et l'*uranium*.

Dans chacun de ces groupes se trouvent un ou plusieurs corps utilisés dans l'éclairage électrique moderne ; la plupart d'entre eux, sans grande utilité il y a peu d'années, ont aujourd'hui une certaine importance scientifique ou industrielle :

a) Le *vanadium*, qui demande de très nombreuses transformations pour être amené à l'état métallique, a comme poids atomique 51,2. Son emploi dans la métallurgie de l'acier l'a fait connaître, et l'acide vanadique, qui en dérive, a la propriété d'accélérer, par catalyse, certaines oxydations (par exemple celle de l'aniline en noir d'aniline par le chlorate de sodium).

Le *niobium* et le *tantale* sont deux éléments extrêmement rares, dont les poids atomiques sont respectivement 94 et 183. On obtient le niobium libre par réduction de son chlorure par l'hydrogène au rouge ; c'est un métal gris, résistant aux acides, mais qui brûle dans un courant de chlore. Au four électrique, on obtient les deux éléments sous forme de métaux très durs, qui ne fondent qu'au-dessus de 1.800°, et qui, dans la série des tensions, figurent du côté des métaux communs.

Le *tantale*, qui a été utilisé dans certaines lampes à incandescence, se rencontre à l'état de tantalate de fer et de manganèse, souvent mélangé au niobium, dans les colombites et les tantalites.

b) *Titane*. — Les composés du titane sont très répandus dans la nature, mais toujours en petites quantités qui échappent par suite à l'observation directe. La forme sous laquelle on les trouve est l'oxyde de titane TiO^2 ou de ses sels.

L'oxyde de titane présente un exemple remarquable de polymorphisme, car il se rencontre dans la nature sous trois aspects différents, de forme cristalline différente, de densité différente, etc. La plus fréquente est le rutile, qui est quadratique et isomorphe de la cassitérite ; l'anatase est aussi quadratique, mais de propriétés toutes différentes ; la troisième forme, la brookite, est rhombique.

Le titane, ou plutôt ses composés est utilisé dans la métallurgie de l'acier et, ainsi que nous le verrons, dans la fabrication de certaines électrodes pour lampes à arc.

Le poids atomique du titane est : 48,1.

Le *zirconium* tire son nom du minéral zircon, qui est un silicate de zircone ; le zirconium métallique s'obtient en chauffant le fluozirconate de potassium avec de l'aluminium ou du sodium ; le premier donne, dans des conditions convenables (haute température), un zirconium cristallisé difficilement fusible, sous forme de lamelles gris clair ; le second donne une poudre noire de zirconium amorphe, qui prend facilement l'état colloïdal.

Le zirconium cristallisé est très résistant aux actions chimiques et n'entre en combinaison qu'à haute température.

Il entre dans la composition de certains filaments pour lampes à incandescence ; son poids atomique est = 90,6.

Le *thorium* est l'un des éléments à poids atomique le plus élevé : 232,5.

Le thorium existe surtout à l'état de silicate (thorite), et outre cela comme élément de différents minéraux rares. Regardé longtemps comme une simple curiosité chimique, il a reçu, il y a quelques années, une application industrielle de premier ordre, car le « manchon à incandescence par le gaz » consiste essentiellement en azotate de thorium.

Le thorium métallique s'obtient en réduisant par le potassium le fluothorate de potassium. C'est une poudre grise, d'éclat métallique, qui brûle dans l'oxygène à haute température avec un dégagement de lumière éclatant.

L'azotate de thorium est un sel très soluble qui sert à la préparation des manchons à incandescence.

On prépare ceux-ci en trempant un tissu de coton ou de soie dans une solution concentrée du sel, en séchant et en calcinant. Le tissu brûle et la thorine reste sous forme d'un squelette blanc, assez consistant.

La luminosité des manchons a lieu quand on les chauffe fortement dans la flamme d'un bec Bunsen spécial.

C'est un fait très remarquable que la thorine pure ne donne que des manchons peu éclairants ; pour avoir un éclat intense, ils doivent contenir encore de petites quantités d'autres corps, parmi lesquels celui qui donne les meilleurs résulats est l'oxyde céreux, à la dose de 1 %. La cause de cette influence n'est pas parfaitement élucidée ;

le cérium [1] produit, probablement par catalyse, une accélération de la combustion du gaz et de l'air au contact immédiat du squelette de thorine ; il semble aussi que les propriétés optiques de la thorine interviennent pour beaucoup.

Une propriété très remarquable des composés du thorium est de produire des actions qui traversent les corps solides et se caractérisent par des effets photographiques ainsi que par un changement des propriétés électriques de l'air (ionisation).

c) L'*osmium* est un des métaux de la mine du platine, existant dans la nature surtout à l'état d'osmiure d'iridium ; son poids atomique est 191, sa densité 22,5 après fusion. C'est un métal d'un beau bleu, susceptible de cristalliser. Après fusion (au four électrique) il est très dur, raye le verre et le quartz ; il est très cassant et peut être facilement pulvérisé.

Comme tous les autres métaux de la mine du platine, il possède, finement pulvérisé, des propriétés catalytiques très prononcées et provoque, par son simple contact, la combinaison des gaz.

Auer, ainsi que nous l'avons vu, a proposé d'employer l'osmium dans la fabrication des filaments de lampes à incandescence. L'osmiure d'iridium, par sa très grande dureté et par son inaltérabilité, se prête à de nombreuses applications (pivots, pointes, etc.).

Le palladium existe toujours dans la mine du platine ; il a été découvert par Wollaston en même temps que le rhodium.

C'est un métal blanc, de densité de 12 (poids atomique : 106). Il est plus fusible que le platine (1.500°), mais aussi dur et peu ductile.

Sa propriété la plus remarquable est d'absorber une très forte proportion d'hydrogène. Ce palladium chargé d'hydrogène est employé comme réducteur ou comme oxydant en présence de l'oxygène et de l'eau.

Lorsque, dans un voltamètre, les deux électrodes sont en mousse de palladium, elles absorbent l'hydrogène et l'oxygène, et on réalise ainsi un accumulateur puissant, surtout en opérant sous pression ;

---

(1) Le *cérium* est un des éléments qui, avec le *scandium*, *l'yttrium*, *le lanthane*, *le phrasédyme*, *le néodyme*, *le samarium et l'ytterbium* se rattachent à l'aluminium dans les métaux terreux.

Ces divers corps sont tous rares et ne se trouvent qu'en des points isolés de la surface du globe, en Scandinavie, dans l'Amérique du Nord et dans celle du Sud.

à 600 atmosphères, on peut emmagasiner 176 ampères-heure par kilogramme de métal.

Le palladium est rarement utilisé pur ; mais il forme, avec les métaux, des alliages importants qui sont employés pour la construction des instruments de physique, des pièces d'horlogerie, de prothèse dentaire, etc.

D'autre part, les sels palladeux sont utilisés en photographie ; un papier imprégné de chlorure palladeux permet, en noircissant, de déceler des traces de vapeur de mercure dans l'atmosphère.

Le *rhodium* existe dans les osmiures d'iridium et dans tous les minerais platinifères. Il a l'aspect de l'aluminium, est ductile et malléable au rouge seulement ; il a pour densité 12, et fond vers 2.000°. Il forme avec le fer, l'étain, le plomb, le zinc, le cuivre, l'argent, l'or, des alliages solubles dans les acides, et, avec le platine, des alliages infusibles et inattaquables, dont on fait des pinces thermo-électriques et des ustensiles de laboratoire.

Un autre métal du même groupe, le plus rare d'entre eux, le *ruthénium*, est un métal analogue au platine, de densité 12, très dur, très difficilement fusible, que l'on extrait des résidus de la préparation de l'iridium en chauffant avec un mélange de nitre et de potasse qui donne du perruthénate de potassium ; celui-ci est dissous dans l'eau, puis on précipite par l'acide azotique et on réduit le précipité en le chauffant dans le gaz d'éclairage ; on purifie le métal obtenu en le transformant de nouveau en perruthénate, qui, par un courant de chlore, dégage le peroxyde RuO^4 pur.

Enfin l'*iridium*, découvert par Tennant en même temps que l'osmium, en 1804, n'a été obtenu pur qu'en 1885, par Stas.

Ce métal s'obtient surtout des osmiures d'iridium. C'est un métal blanc brillant quand il a été fondu, très dur, cassant, qui fond à 1.950° C.

Il forme plusieurs alliages importants dont le plus intéressant est le platine iridié, corps très peu sensible aux influences extérieures. Les étalons du mètre et du kilogramme internationaux sont en platine iridié à 10 % d'iridium.

d) Le dernier groupe que nous devons étudier, celui du chrome, contient, comme nous l'avons dit : le tungstène, l'uranium et le molybdène.

Le *tungstène*, découvert par Scheele, est un métal gris dont l'aspect diffère peu de celui du fer. On le rencontre à l'état de tungstate de fer et de manganèse (wolfram) ou de tungstate de calcium (scheelite). Sa densité est de 17,2. Il est très dur, très difficilement fusible, difficilement réductible. Son poids atomique est 183,6.

Le tungstène allié au fer ou au cuivre donne à ces métaux plus de dureté et de ténacité, aussi est-il fréquemment employé dans l'électro-métallurgie. Enfin, ces dernières années, il a été employé avec succès dans la fabrication des filaments des lampes à incandescence.

L'*uranium* est particulièrement célèbre parce que c'est de l'étude de ses propriétés que les chimistes sont arrivés à la connaissance des corps radio-actifs et spécialement du radium.

Le minerai d'uranium est la pechblende, oxyde d'uranium (U^3O^8), substance rare que l'on trouve notamment à Johachimstadt et à Johan-Georgenstadt (Autriche).

On extrait le métal en réduisant le chlorure par le sodium ; selon la température, l'uranium est en poudre pulvérulente gris noir, très oxydable, inflammable à l'air à 150°, ou en masse fondue blanc nickel, peu malléable. Au four électrique, la calcination du nitrate avec du charbon donne une fonte carburée d'uranium (Moissan).

Le métal fondu, assez dur, a pour densité 18,6 ; il est très altérable à l'air, difficilement soluble dans les acides concentrés, alors que pulvérulent il s'y dissout avec facilité.

Les sels sont employés en photographie pour le virage des papiers, en analyse pour titrer les phosphates. La céramique, la verrerie se servent des uranates pour colorer la porcelaine ou le verre en jaune, à faire des émaux jaunes et noirs. Le verre d'urane est doué d'une superbe fluorescence jaune vert.

Mais la principale caractéristique de l'uranium et de ses dérivés est celle d'émettre des radiations particulières, dites rayons uraniques.

Nous n'avons pas à entrer dans l'étude spéciale de ces propriétés remarquables ; qu'il nous suffise de rappeler l'action photogénique des rayons uraniques au travers des corps, la faculté qu'ils ont d'ioniser l'air et les gaz, soit de les rendre conducteurs de l'électricité, enfin la propriété de rendre lumineuses certaines matières phosphorescentes, en particulier le platinocyanure de baryum. Les résultats de chacune de ces facultés ont été considérables et ont révolutionné les théories physiques dans plusieurs de leurs parties.

Le dernier corps du groupe du chrome est le molybdène.

Le *molybdène* se trouve dans la nature sous deux états : la molybdénite ou sulfure de molybdène et la mélinose ou molybdate de plomb. Le métal a la couleur de l'argent mat ; son poids atomique est 96, sa densité 9,1. Il fond difficilement. Il est inaltérable à l'air, à la température ordinaire ; il décompose la vapeur d'eau à une température élevée.

V. — Fabrication
de filaments métalliques au moyen de substances diverses

Un assez grand nombre de substances ont été proposées dans ce but et les procédés de fabrication sont multiples.

M. *Coethen* préconise un procédé faisant l'objet d'un brevet allemand du 6 septembre 1910, et consistant à prendre un filament constitué par un aggloméré de composés d'*uranium*, *thorium*, *zirconium*, ou de métal pulvérulent, destiné à former le filament de lampe à incandescence. Ce filament est réduit par des vapeurs de potassium, sodium ou autres vapeurs métalliques, en même temps que le courant lui est appliqué pour élever sa température, à mesure qu'il devient conducteur.

Le dispositif pour la fabrication de tels filaments comprend essentiellement un petit four électrique, lequel est placé sous une cloche dans laquelle on peut faire le vide. Des fils conducteurs amènent jusqu'à deux électrodes placées dans le four le courant électrique sur le passage duquel sera placé le filament.

Dans le four, un récipient *ad hoc* est rempli de sodium ou de potassium ; le fil, formé d'une pâte d'uranium pulvérulent, ou de fluorures d'uranium et de potassium, est suspendu aux électrodes placées dans le four, au-dessus du récipient contenant le sodium.

L'espace libre de la cloche a été rempli d'un gaz inerte ; puis on fait le vide et on envoie le courant dans le four même, jusqu'à ce que l'on obtienne une température de 725° C. La production de chaleur due à la réaction contribue à augmenter la température du four.

Transformations de fils à incandescence en charbon en fils d'osmium ou de ruthénium. — Le procédé consiste à brûler les fils de charbon au détriment de l'oxygène de tétraoxydes des métaux ci-dessus indiqués : pendant cette combustion, les fils de charbon se transforment en fils métalliques.

On introduit les fils de charbon dans un récipient en porcelaine qu'on remplit de tétraoxyde d'osmium et qu'on chauffe après avoir préalablement chassé l'air. Les fils de charbon deviennent rapidement gris d'acier et brillants, tandis que les couches supérieures disparaissent et sont peu à peu remplacées par le métal.

L'incandescence du fil de charbon et sa transformation en fil métallique peut encore s'obtenir par un courant électrique que l'on règle à volonté.

D'après l'auteur du procédé, les fils ainsi obtenus ont une finesse beaucoup plus grande après qu'avant, ce qui peut rendre leur emploi intéressant pour des tensions élevées.

Nous nous permettons toutefois de faire remarquer qu'un procédé semblable a été utilisé par Just et Hanamann pour la fabrication des filaments de tungstène et qu'il n'a pas donné toute satisfaction, car il est difficile de savoir quand la transformation du filament métallique est complète.

Fabrication de filaments d'osmium

Pour la fabrication des filaments d'osmium, il est avantageux d'employer certains oxydes volatils au blanc éblouissant.

On fait une pâte plastique avec un mélange d'oxyde de titanium très fin, un agglutinant organique et de l'osmium pulvérisé très finement. La proportion de ces éléments est variable.

On peut aussi remplacer l'oxyde de titanium par l'alumine ou la magnésie. La silice ne convient pas.

La pâte faite, on fabrique les fils par compression. Ils doivent avoir une surface presque brillante. S'il n'en était pas ainsi, il faudrait les rouler entre des plaques de verre garnies de papier.

On donne ensuite aux filaments la forme voulue. On les sèche au four, de façon à avoir un mélange d'osmium, d'oxyde de titanium et de carbone. Puis on les met dans un mélange de gaz et on élève leur température au moyen du courant électrique jusqu'à ce que tout le carbone soit brûlé. Ensuite on élève encore la température par le courant électrique jusqu'à volatilisation complète de l'oxyde de titanium.

Le filament est alors fini ; mais on peut encore le recouvrir d'un enduit brillant, sorte d'émail. Pour cela, on l'enduit d'un mélange de 3 parties d'oxyde de thorium et 1 partie d'alumine mise en bouillie. On volatilise l'alumine par échauffement jusqu'au blanc éblouissant.

On peut aussi employer une pâte composée de 3 parties en poids d'osmium, 1 partie d'oxyde de thorium, 0,3 d'alumine et une certaine quantité de sucre comme liant, ou encore un mélange, en parties égales,d'oxyde de thorium et d'oxyde de zirconium.

Filaments de tantale pour lampes électriques

Le tantale, dont le poids atomique est 182, a été expérimenté après divers essais infructueux avec d'autres corps, notamment le vanadium (poids atomique 51,3) et le niobium (poids atomique 94) ; mais ces corps avaient leur point de fusion trop bas pour le but que l'on se proposait.

Les essais avec le tantale furent longs, mais donnèrent de meilleurs résultats ; ce corps fut décomposé en réduisant par la méthode de Berzélius et de Rose le tantalofluorure de potassium. Par cette réduction on obtint une poudre métallique, puis on chercha à lier l'oxyde tantalique avec de la paraffine pour lui donner la forme d'un fil, expérience au cours de laquelle on remarqua un tout petit globule de tantale fondu. Profitant de cette observation, la poudre de tantale fut fondue dans le vide, l'oxygène et l'hydrogène se dissocièrent, et il resta un régule métallique qui, par fusions répétées, devint absolument pur.

Ce tantale pur est réfractaire à la température ordinaire, aux agents chimiques ; il n'est pas attaqué par les acides chlorhydrique, azotique et sulfurique, ni par les solutions alcalines ; il est seulement sensible à l'acide fluorhydrique. Chauffé au contact de l'air, il devient jaune vers 400°, bleu foncé vers 500 à 600° C. Il brûle même sous la forme de fil très mince, avec une médiocre intensité. Sa résistance à la traction est de 93 kgs par millimètre carré, et pour les fils très minces, elle va jusqu'à 190 kgs par millimètre carré.

C'est la maison Siemens et Halske qui s'est occupée d'une façon toute spéciale de la création et de la mise en exploitation des lampes à filament de tantale. La première fut construite en janvier 1903 ; elle avait un filament, en forme de boucle, de $0^{mm}28$ de diamètre et une longueur éclairante de 50 mm correspondant à une résistance spécifique (1 mm de long, $0^{mm^2}001$ de section) de 0,331, les mesures photométriques sous 2, 1 1/2, 1 watts par bougie correspondaient à des tensions de 4,40, 4,95, 5,19 volts, à des intensités de courant de 5,0, 5,46 et 6,20 ampères et à des intensités lumineuses de 11, 18 et 37 bougies Hefner ; la lampe, consommant 1 watt par bougie, avait une durée de 20 heures, au bout desquelles elle noircissait fortement.

D'expériences en expériences, de perfectionnements en perfectionnements, la maison Siemens et Halske réussit à fabriquer un filament pouvant se brancher sur 110 volts et ayant une consommation de courant de 1,5 watt par bougie pour le type de 25 bougies.

Le porte-fil central est formé d'une courte baguette de cuivre pourvue de deux lentilles dans lesquelles sont fixées les tiges de support, dont 11 en haut et 12 en bas, et dirigées les unes vers le haut, les autres vers le bas, en forme d'ombrelle. Le filament, de $0^{m}650$ de long et $0^{mm}05$ de diamètre, pesant $0^{gr}022$, est passé en zigzag dans les crochets et ses extrémités, tenues par deux tiges inférieures, sont reliées au pied de la lampe par l'intermédiaire de conducteurs de platine.

Au point de vue de la puissance lumineuse et de la consommation en fonction de la durée de la lampe, le tableau suivant est intéressant :

Résultats correspondant à des lampes de 25 bougies Hefner à 110 volts.

Durée heures	Intensité lumineuse en bougies Hefner	Intensité de courant en ampères	Watts par bougie Hefner
0	25 à 27	0,36 à 0,38	1,5 à 1,7
5	28 à 31	0,37 à 0,39	1,3 à 1,5
150	25 à 27	0,36 à 0,38	1,5 à 1,6
300	22 à 24	0,36 à 0,38	1,6 à 1,7
500	20 à 22	0,36 à 0,38	1,9 à 2
1000	18 à 20	0,35 à 0,37	2,1 à 2,2

Lors de la rupture d'un filament, il se produit fréquemment ce fait que le brin cassé vient en contact avec le brin voisin, rétablissant ainsi le courant, et que la lampe, au lieu d'être mise hors d'usage comme dans les lampes à filament de charbon, continue à brûler ; chaque rupture est même suivie d'une augmentation de lumière émise, une partie de la longueur du filament étant supprimée. Cette puissance lumineuse plus considérable est naturellement au détriment de la durée de la lampe, l'intensité passant dans le filament étant plus grande.

On cite le cas de lampes qui se sont cassées peu de temps après la mise en service, et plusieurs fois de suite, et dont la durée a dépassé 1.000 heures.

On a constaté que le fil de tantale ayant brûlé 2 à 300 heures perd beaucoup de sa résistance mécanique ; tandis que le fil neuf, avec diamètre de 0mm05, résiste à un effort de 400 gr., il devient, en cours de service, pailleux et cassant.

Une thèse présentée par M.M.D. Abbott, de l'Université de Nebraska, donne les résultats d'expériences faites sur la détérioration des filaments des lampes au tantale, sous l'influence du courant continu et du courant alternatif.

Les lampes essayées étaient des lampes américaines de 20 bougies et de 110 volts. Le diamètre du filament était de 0mm041, offrant une résistance de 157k5 par millimètre carré.

Les lampes étaient alimentées tour à tour par du courant continu et par du courant alternatif.

La résistance du filament exposé au courant continu s'est trouvée être considérablement réduite et n'était plus que de 21 à 24 kgs par millimètre carré à la fin de l'expérience. La couleur, qui était d'un gris argenté au commencement, était devenue d'un noir terne. Le filament était altéré considérablement, et présentait des creux et des parties saillantes ; en outre, il était devenu cassant, mais restait assez fort pour résister à un choc modéré.

La détérioration due au courant alternatif était plus considérable encore ; le filament était devenu très cassant et ne résistait plus au choc le plus léger.

Filaments au tungstène pour lampes électriques

Le premier procédé de fabrication de filaments exclusivement composés de tugstène est le procédé *Just* et *Hanamann* (1903), type des « procédés par substitution ». Des filaments de charbon, très fins (0,02-0,06 mm de diamètre), sont traversés par le courant électrique, dans une atmosphère d'hexachlorure de tungstène et d'un gaz réducteur ; le chlorure est décomposé et les filaments se recouvrent d'un dépôt de carbone ; celui-ci est transformé en tungstène par l'action d'un mélange de vapeur d'eau et d'un gaz réducteur ; le carbone se transforme en gaz à l'eau, et le tugnstène pur reste. On peut aussi saupoudrer le carbure de TuO^2 très fin et le traiter en vase clos, pendant plusieurs heures, à 1.600° C. Le tungstène obtenu est toujours amorphe. Ce procédé, toutefois, ne donnant pas complète satisfaction, MM. Just et Hanamann, en date du 6 juillet 1905, firent une demande de brevets ayant pour objet d'obvier aux inconvénients reconnus (notamment une transformation incomplète du tungstène). Ces nouveaux brevets indiquaient la transformation d'un mélange de tungstène et de carbone, ou de composés, qui non seulement donnent des filaments de tungstène pur, mais abrègent et facilitent beaucoup la durée de la préparation.

Le tungstène pur incorporé dans le mélange est finement pulvérisé, ou, à son défaut, est employé un composé de tungstène facilement réductible par le carbone, par exemple l'oxyde de tungstène, le sulfure de tungstène, et, pour les lier, on emploie une matière organique telle qu'une solution de cellulose dans le chlorure de zinc, du collodion, du goudron, etc. On met alors les filaments sous pression à la manière ordinaire ; on fait subir au collodion, si c'est lui qu'on emploie, une dénitratation, et on carbonise les filaments.

La quantité de composé au tungstène employée dans le mélange est telle que le filament, une fois terminé, contient assez de charbon pour posséder la rigidité voulue pour les traitements qu'il doit subir encore, celle-ci étant, dans ce cas, due au charbon et non au tungstène.

Les solutions suivantes seraient, paraît-il, les plus convenables :

Acide tungstique, 2 à 10 gr. ;

Cellulose, solution de 10 gr. dans 260 gr. de chlorure de zinc, d'un poids spécifique de 1,83.

On envoie ensuite un courant électrique dans le filament soumis à une atmosphère de vapeur de composé tungstique, l'oxychlorure par exemple, en présence d'un peu d'hydrogène libre. Quand le filament est incandescent, le tungstène se substitue facilement au carbone qui subsistait dans le filament.

Dans les *procédés par pression* à travers une filière, on peut procéder de plusieurs manières:

a) Les minerais (le tungstène s'extrait du wolfram ou tungstate de fer et de la scheelite ou tungstate de chaux), les minerais sont traités par l'acide chlorhydrique, puis par l'ammoniaque et l'on obtient de l'acide tungstique qu'on réduit par le glucose ou autre substance réductrice. La difficulté est d'obtenir l'acide tungstique suffisamment divisé.

On passe ensuite la pâte d'oxyde et de glucose dans une filière pour obtenir des filaments. On pose ces filaments sur une carte et on les fait sécher au four à gaz, puis on les calcine dans un tube traversé par un courant d'hydrogène.

Les filaments sont alors disposés sous une cloche et chauffés, en présence d'hydrogène, par un courant électrique 4 à 5 fois plus intense que celui qui devra les traverser normalement. La réduction de l'oxyde s'achève alors, le filament prend du corps et devient moins fragile. On le fixe ensuite sur les fils conducteurs et on le soutient, aux deux extrémités, sur un support.

b) Dans le procédé de *Lux*, le tungstène, réduit en poudre, est mélangé d'oxyde ou de sulfure de zinc, et d'un liant organique ; les filaments sont chauffés à l'abri de l'air, puis, dans une atmosphère convenable, par le courant électrique ; le charbon et l'oxyde ou le sulfure de zinc se volatilisent, et le filament subit en même temps un rétrécissement remarquable, passant facilement de $0^{mm}1$ à $0^{mm}01$ de diamètre.

c) Le procédé *Pope* permet d'obtenir des filaments ne contenant pas plus de 0,06 % de carbone. Du tungstate de sodium mélangé de 80 % d'acide gallique est décomposé par de l'acide chlorhydrique ; les oxydes inférieurs précipités sont lavés, la masse est comprimée, séchée lentement, puis chauffée à 600° dans CO^2, et enfin réduite dans l'hydrogène.

d) Dans le procédé *Heinrich*, l'agglutinant est formé de 50 gr. de soufre et de 60 gr. de pamoryne, mélangés et chauffés jusqu'à combinaison ; 3 gr. de ce produit sont mélangés à 15 gr. de poudre de tungstène, et donnent une pâte qui se laisse très facilement travailler. Chauffés ensuite dans le vide, les filaments sont débarrassés des corps étrangers et il n'y reste plus trace de carbone.

e) Dans le procédé *Ruhstrat* pour la fabrication de filaments de « partinium », 4 à 8 parties de TuO^3 et une partie d'aluminium en poudre sont mélangées avec un agglutinant, puis la pâte est modelée en filaments de 4 mm ; ceux-ci sont séchés et calcinés dans une atmosphère inerte ; le produit est pulvérisé, et on en fait une seconde pâte servant à la fabrication des filaments.

f) Dans le même genre de fabrication, nous pouvons citer le procédé suivant : on incorpore la poudre de tungstène, obtenue au moyen de l'oxyde, dans un alliage de 42 % de cadmium, 53 % de mercure et 5 % de bismuth ; le tungstène y entre dans la proportion de 30 à

50 %. L'alliage ternaire est chauffé jusqu'à devenir plastique, puis on y incorpore le tungstène en broyant le tout dans un mortier. Pour obtenir un filament, on fait passer l'alliage à travers une filière ; le fil est ensuite chauffé pour éliminer les trois premiers métaux et l'on élève finalement la température pour donner de la cohésion au tungstène ; l'opération a lieu dans un four où l'on a fait le vide.

Enfin, un troisième mode de fabrication des filaments de tungstène est le *procédé par étirage*, que le peu de ductilité du tungstène complique beaucoup, mais qui donne aux filaments une plus grande solidité.

Dans le procédé *Siemens* et *Halske*, le tungstène est introduit dans un tube en métal ductile (Cu, Ag ou Ni) recouvert lui-même d'un second tube en acier ; l'ensemble est laminé et étiré, puis on enlève par dissolution le tube extérieur, et, par volatilisation, le mince manchon intérieur ; il peut, selon les conditions de température, se former, à la surface du filament, un alliage permettant de pousser encore la ténuité plus loin.

Dans le procédé de l'*Allgemeine Elektricitäts Ges.*, du tungstène et du molybdène mélangés sont alliés à du cuivre, ou à du bismuth et du cadmium, et traités comme nous venons de l'indiquer.

* * *

Certes, nous sommes loin d'avoir examiné tous les procédés actuellement en usage, là n'est pas notre but ; nous nous contenterons, pour terminer avec les filaments au tungstène, de citer deux autres procédés dérivant de principes différents :

1° Procédés appliqués par le Dr *Kuzel* dans les *Brimsdown Metal Lamp Works.*

Le principe consiste à produire les filaments au moyen de tungstène *colloïdal* et non pas par de la poudre de ce métal.

Le tungstène colloïdal est mélangé à de l'eau par agitation mécanique ; puis, après plusieurs opérations, les filaments sont passés dans des filières de diamant, de diamètre voulu, variant de 7/100e à 1 mm.

La formation du filament a lieu sous une cloche où le vide est fait partiellement et où l'on admet une certaine quantité d'ammoniaque. Le courant est alors appliqué graduellement jusqu'à une valeur égale à 1 fois 1/2 la valeur normale, et le vide est fait simultanément. Le débitage des filaments à la longueur voulue est opéré à la machine et les filaments sont pesés ensuite au dixième de milligramme par une balance enregistreuse ;

2° *Procédé de la Zircon Incandescent Lamp Cy et Dr Hollefreund et Cie de Berlin.* — Dans ce procédé, la décarburation est effectuée par l'azote ou les gaz nitreux produits dans un appareil spécial contenant des phosphures, phospham $P.N_2H$ et des sulfates. On mélange au métal en poudre un faible pour-cent de phospham et une colle préparée avec du goudron contenant 4 % de carbone ; les filaments obtenus seront dépouillés du carbone quand ils auront été enflammés dans le vide.

Si le filament doit être décarburé après sa fixation dans la lampe, une fine poudre de phospham est mélangée d'alcool et appliquée sur lui avant sa fusion.

Lorsque les lampes ont été épuisées, et pendant qu'elles sont encore reliées à la pompe à vide, le robinet entre la pompe et les lampes est fermé et les filaments sont portés à l'incandescence par un courant électrique. Les filaments peuvent être décarburés dans un récipient après avoir été enduits de phospham.

La meilleure méthode d'emploi de l'hydrogène et de l'azote, ainsi que des produits phosphorés, est celle dans laquelle la décomposition du corps réducteur s'opère à l'extérieur du filament.

V. — Résultats d'essais comparatifs de filaments de différentes substances

Dans les essais relatifs aux filaments proprement dits, nous n'avons pas fait intervenir les questions d'intensité ou puissance lumineuse ; cela concerne l'essai de la lampe montée et fait partie d'un autre fascicule.

Dans le tableau suivant, nous nous sommes servis d'essais de M. Pécheux et les résultats portent :

a) Sur la résistivité et les coefficients de température, ainsi que les rapports entre les résistances à 0° C et celles aux températures des lampes en fonction : 1.660° pour les filaments au carbone ; 1.925° pour ceux au tantale ; 2.100° pour ceux au tungstène et au zircone-tungstène.

b) Sur les watts totaux absorbés par le filament pour un nombre déterminé de bougies décimales, et sur le nombre de watts par bougie décimale.

Tableaux A.

Filaments de carbone. — Température = 1.660° C

1. Carbone graphité, marque G. G. E., 130 volts, 14 bougies décimales.
2. — ordinaire, — A. E. G., 130 — 14 — —

N°	Résistivité en michroms-centimètre	Coefficient de température a	Coefficient de température b	Résistance à 0° en Ω R_0	Résistance normale de la lampe en fonction en Ω R_n	Rapport entre la résistance à 0° et celle à 1.660° C $\frac{R_n}{R_0}$
1	4,486	0,000335	0,000032	767,8	495	0,645
2	2,288	0,000527	0,000050	677	406	0,600

Filaments de tantale. — Température = 1.925° C

1. Marque Siemens et Halske (neuve), 130 volts, 14 bougies décimales.
2. — — — 125 — 22 1/3 boug. décimale.
3. — — 200 heures, 120 — 22 1/3 — —
4. — — 1000 — 130 — 16 — —

N°	Résistivité	Coefficient a	Coefficient b	Ro en Ω	Rn en Ω	$\frac{Rn}{Ro}$
1	—	0,00242	0,0000004	110,4	788	7,14
2	1,091	0,00243	0,0000004	60,8	434,7	7,21
3	—	0,00262	0,0000005	51,2	375	7,33
4	—	0,00262	0,0000005	61,6	490	7,95

Filaments de tungstène. — Température = 2.100°

1. Neuve, marque OS. 130 volts, 18 bougies décimales.
2. 1500 heures, — OS. 130 — 20 — —
3. Neuve, — S.K. 130 — 33 — —
4. — — F.H. 130 — 25 — —
5. — — A.E.G. 135 — 22 1/3 — —
6. — — G.G.E. 125 — 14 — —
7. — — — 125 — 23 — —
8. — — — 125 — 32 — —
9. — — — 130 — 96 — —

N°	Résistivité	Coefficient a	Coefficient b	Ro en Ω	Rn en Ω	$\frac{Rn}{Ro}$
1	—	0,00280	0,00000193	52,7	812,5	15,42
2	3,80	0,00430	0,00000140	43,5	703	16,16
3	2,86	0,00230	0,00000217	33,7	520	15,44
4	—	0,00310	0,00000181	39,8	619	15,55
5	6,34	0,00250	0,00000180	54,8	794	14,45
6	4,62	0,00305	0,00000196	63,8	961	15,05
7	—	0,00287	0,00000158	45	617	13,69
8	5,71	0,00266	0,00000081	32,3	472	14,63
9	—	—	—	—	—	—

Filaments de zircone-tungstène

1. Neuve, marque Z, 130 volts, 25 bougies décimales.
2. — — Z, 260 — 39 — —

N°	Résistivité	Coefficient a	Coefficient b	Ro en Ω	Rn en Ω	$\frac{Rn}{Ro}$
1	13,77	0,0031	0,00000089	57,8	658	11,38
2	6,45	0,0030	0,00000092	123,9	1405	11,34

Tableaux B.

Filaments de carbone

	Voltage d'essai	Puissance lumineuse en bougies décim.	Watts totaux absorbés	Watts par bougie décim.
1	130 (carbone graphité)	14	34,138	2,40
2	130 (— ordinaire)	14	42,25	3,02

Filaments de tantale

	Voltage d'essai	Puissance lumineuse en bougies décimales	Watts totaux absorbés	Watts par bougie décimale
1	130 (neuve)	14	21,45	1,53
2	125 —	22 1/3	32,25	1,50
3	120 (200 heures)	22 1/3	38,40	1,72
4	130 (1000 —)	16	37,05	2,31

Filaments de tungstène

	Voltage d'essai	Puissance lumineuse en bougies décimales	Watts totaux absorbés	Watts par bougie décimale
1	130 (neuve)	18	20,80	1,15
2	130 (1500 heures)	20	24,05	1,20
3	130 (neuve)	33	32,5	0,985
4	130 —	25	27,3	1,09
5	135 —	22	22,1	1,004
6	125 —	14	16,125	1,151
7	125 —	23	25,28	1,099
8	125 —	32	33	1,03

Filaments de zircone-tungstène

	Voltage d'essai	Puissance lumineuse en bougies décimales	Watts totaux absorbés	Watts par bougie décimale
1	130 (neuve)	25	25,61	1,024
2	260 —	39	48,1	1,233

CHAPITRE IV

Métaux et alliages utilisés pour les résistances

Le choix des substances, métaux, alliages, etc., utilisés pour la fabrication des *résistances* dépend naturellement de l'application même de celles-ci, car les utilisations sont nombreuses et diverses. Les résistances peuvent être à l'air libre, noyées dans une masse isolante, ou encore plongées dans des liquides ; les résistances peuvent servir comme rhéostats d'étalonnage dans les appareils de physique ; comme rhéostats d'excitation dans les génératrices ; comme mises en marche pour démarreurs ou pour l'ajustage de la vitesse des moteurs ; comme résistances de self, résistances de lampes à arc, de chauffage ; comme parafoudres, etc., etc. Chaque cas particulier nécessite une substance appropriée et des données bien définies.

Bien plus, pour certains métaux, le fer, par exemple, il est des températures qui, par les qualités que possède la résistance à ce moment, sont absolument impropres à certaines applications et très favorables à d'autres (voir plus loin les résistances en fer pour la compensation automatique des variations de voltage, résistances de l'A. E. G).

D'une façon générale, le but de la résistance sera d'absorber, dans un temps déterminé ou d'une manière permanente, une quantité plus ou moins considérable d'énergie électrique.

Dissipation de la chaleur dans les résistances

Or, alors que la valeur de la quantité de chaleur apportée se laisse facilement calculer (I^2RT), il est très difficile de déterminer exactement la quantité de chaleur dissipée, parce que, dans ce cas, beaucoup d'influences interviennent, qui dépendent des circonstances, de sorte que cette quantité de chaleur ne peut être exprimée par une formule mathématique.

La chaleur est dissipée, dans un corps chaud, par rayonnement, conductibilité et convection.

Le *rayonnement* procède d'après les mêmes lois que le rayonnement de la lumière et dépend essentiellement de l'état des surfaces du corps. En effet, une plus grande quantité de chaleur est libérée, dans le même temps, par une surface brute que par une surface brillante.

Il est vrai qu'en pratique cette différence est rarement réalisée, parce que des fils brillants ne peuvent rester longtemps dans cet état, à cause de leur oxydation et du dépôt de poussières qui forment sur eux, à la longue, une surface brute et sombre.

La *conduction* de la chaleur s'effectue par transmission des parties chaudes aux parties voisines, et peu à peu tout ce qui entoure le corps chaud s'échauffe jusqu'à une certaine distance, et l'échauffement a lieu d'autant plus loin que le corps est meilleur conducteur de la chaleur.

La chaleur est enlevée d'un corps par *convection* quand ce corps se trouve dans un milieu gazeux ou fluide et que les particules échauffées sont éloignées du corps chaud par le mouvement du gaz et du liquide. La quantité de chaleur enlevée par la convection dépendra donc essentiellement de ce que l'air environnant le conducteur est ou non en mouvement.

* * *

Supposons qu'un conducteur et son milieu sont, dans toute la longueur du conducteur, en état stable, on peut alors admettre que, par chaque centimètre carré de surface du fil de la résistance, dans un temps déterminé, la même quantité de chaleur est libérée ; la dissipation de chaleur est ainsi proportionnelle à la surface du conducteur. Des essais ont en outre démontré que la perte de chaleur est (avec une grande approximation) proportionnelle à la différence entre la température du conducteur et celle de son milieu.

Ne considérons pas maintenant la relation qui lie la perte de chaleur à l'état des surfaces, à leur entourage et au mouvement de l'air, et admettons plutôt, avec J. Teichmüller, un certain état déterminé fonction de cette triple relation. Supposons que, de 1 cm² d'un conducteur qui se trouve partout dans le même état, il soit dissipé par seconde une quantité de chaleur A, quand la différence de température entre le conducteur et son milieu est de 1° ; cette quantité de chaleur peut être appelée *coefficient de perte de chaleur* ; et, pour un conducteur qui sera à une température t_2 quand celle du milieu sera t_1, la quantité de chaleur libérée en T secondes sera

$$W_a = A \times LU\,(t_2 - t_1)\,T.$$

Dans cette formule, L indique la longueur, U la circonférence du conducteur.

Lorsqu'un état stationnaire est atteint, l'apport de chaleur est égal à la dissipation de celle-ci, c'est-à-dire que :

$$A\,LU\,(t_2 - t_1)\,T = 0{,}24\ J^2\,\frac{L'}{Q}\,\rho\,T,$$

dans laquelle $\frac{L}{Q}\,\rho = R$ $\left(0{,}24\ J^2\,\frac{L}{Q}\,\rho T\right.$ étant l'apport de chaleur exprimé en grammes-calories).

* * *

Le but des *résistances* étant, avons-nous dit, d'absorber dans un temps déterminé ou d'une manière permanente une quantité plus ou moins considérable d'énergie électrique, dissipée sous forme de chaleur, il faut naturellement prévoir, lors de la construction, des matériaux capables de résister à des températures parfois élevées (corps incombustibles pour le support ou montant proprement dit de la résistance, et métaux ne s'affaiblissant pas trop, mécaniquement, sous l'influence de la chaleur).

En effet, dans les résistances constituées par des boudins d'une certaine longueur, il peut arriver, selon la nature de ceux-ci, qu'ils s'affaissent en service, causant des différences de résistance et produisant des courts-circuits.

Il y a donc un choix judicieux à faire et nous examinerons les différents cas qui peuvent se présenter.

Tout d'abord, il convient de distinguer à ce sujet les rhéostats d'avec les résistances d'absorption (démarreurs, résistances de lampes à arc, etc.). Les premiers étant, le plus souvent, destinés à l'étalonnage d'appareils ou au réglage du champ des générateurs, doivent varier le moins possible comme résistance ; il conviendra donc : 1° de ne prévoir que des densités de courant minimes ; 2° de choisir les fils constituant le rhéostat en métaux ou mieux en alliages ayant un coefficient de température sensiblement nul.

Dans les appareils d'absorption de courant, par contre, il s'agit surtout de prendre comme fils résistants des substances pouvant résister à des températures relativement élevées, et aptes à dissiper, dans le temps le plus court, la plus grande quantité possible de chaleur.

Il est certain que le choix des substances n'entre pas seul en ligne de compte dans ces différents genres d'appareils, mais que la disposition de ceux-ci contribue pour une large part à les rendre plus ou moins propres au but désiré. Toutefois, nous n'avons, dans ce volume, à nous occuper que des matériaux utilisés et non pas des appareils proprement dits.

* * *

Généralités sur les métaux et alliages utilisés dans la fabrication des résistances. — Nous devons tout d'abord indiquer la distinction que nous établissons entre métaux et alliages. Par métaux, nous considérons des *métaux purs* (corps simples), par opposition aux nombreux et très importants *alliages* que l'industrie a été dans l'obligation de créer peu à peu pour satisfaire aux exigences, chaque jour plus grandes, de la technique moderne.

Résistivité et influence de la température sur la résistance des métaux. — D'après Matthiessen, la résistance des métaux augmente avec la température d'après la formule empirique suivante :

$$R = r_0 (1 + a\theta + b\theta^2)$$

a et b étant des coefficients numériques dont ceux relatifs aux métaux très purs sont :

$$a = +0{,}003824 \qquad b = +0{,}00000126$$

cela, bien entendu, dans certaines limites, car aux températures élevées les changements d'état modifient dans de grandes proportions la résistivité et le coefficient de température. Nous donnerons plus loin les valeurs de a pour la plupart des métaux purs et pour quelques alliages.

Il est certain que même en ne tenant compte que du coefficient a, l'augmentation de résistance due à une élévation, même minime, de température, est loin d'être négligeable ; et l'on comprend aisément que l'on ait choisi des alliages moins sensibles aux variations de température.

Un exemple fera mieux comprendre l'importance de cette augmentation de résistance.

Prenons 1 m de fil de cuivre de 0mm1 de diamètre, dont la résistance à 0° C est de 2,0342 Ω ; supposons que la température du laboratoire soit 20° C ; cela donnera comme résistance de notre fil, en ne tenant compte que de a :

$$R = r_0 (1 + a\theta)$$

où

$$r_0 \text{ (résistance du fil à 0° C)} = 2{,}0342\ \Omega$$

$$a = 0{,}003824$$

$$\theta = 20°\ C$$

doit :

$$[2{,}0342 \times 1 + (0{,}003824 \times 20 = 0{,}07648)]$$

$$(2{,}0342 \times 1{,}07648 = 2.1897756\ \Omega \text{ à } 20°\ C).$$

Si nous faisons passer dans ce fil de 2,1897756 Ω de résistance un courant capable d'élever sa température de 2° C, ce qui donnera comme température effective 22° C, la résistance du fil à ce moment sera :

$$2{,}0342 \times 1{,}0841 = 2{,}20527622\ \Omega.$$

$$2{,}20527 - 2{,}18977 = 0{,}01550\ \Omega \text{ (différence pour 2° C)}.$$

Or, si comme comparaison nous prenons maintenant, au lieu de cuivre, un fil d'un alliage de nickel (*constantan*) dont le coefficient de température a n'est que de 0,000005, dans les mêmes différences de température que précédemment nous aurons comme augmentation de résistance, en admettant, par des longueur et diamètre convenablement choisis, la même résistance de 2,0342 Ω à 0° C :

$$R \text{ à } 20°\ C = 2{,}03440342$$

$$R \text{ à } 22°\ C = 2{,}03442376$$

soit 0,00002034 Ω pour 2° C de différence de température, tandis que pour le cuivre, nous avions 0,01550 Ω ; c'est dire qu'avec le constantan la variation est 762 fois moindre.

Nous donnerons, pour un certain nombre de métaux et alliages, les résistivités à diverses températures, ainsi que respectivement la valeur de a entre 0° C et 100° C. Nous indiquerons pour chaque substance, parmi les chiffres obtenus par divers expérimentateurs, ceux qui sont les plus concordants.

Tableau I

Ordre suivant les résistivités

MÉTAUX	TEMPÉRATURES 0° C	20° C	100° C	Coefficients moyens de température a entre 0 et 100°
Cuivre électrolytique recuit	1,353	1,447	1,881	0,00388
Argent pur	1,561	1,643	2,139	0,00400
Or pur	1,952	2,096	2,639	0,00377
Aluminium pur étiré	3,185	3,503	4,658	0,00423
Zinc	5,751	6,218	8,086	0,00406
Platine pur, doux, recuit	8,248	8,698	10,912	0,003529
Fer doux, pur, recuit	8,659	9,455	13,777	0,00544
Étain pur	9,609	10,473	13,837	0,00440
Cadmium	10,023	10,846	14,142	0,00411
Nickel pur, procédé Mond	12,350	13,495	18,913	0,00622
Thallium	17,633	19,036	24,741	0,00398
Plomb	20,380	22,056	28,756	0,00411

ALLIAGES	0° C	20° C	100° C	a
Silverine (Cu = 77; Ni = 17; Fe = 2; Zn = 2; Co = 2)	2,064	2,1847	2,662	0,00285
Aluminium (94) Cuivre (6)	2,904	3,1305	4,036	0,00381
Aluminium (94) Argent (6)	4,641	4,8637	5,751	0,00238
Excelsior II	5,790	5,952	6,601	0,00138
Bronze phosphoreux du commerce	8,483	8,581	9,071	—
Platine (90) Rhodium (10)	13,719	14,132	15,738	0,00143
Cuivre (87) Nickel (6.5) Alum. (6,5)	14,912	14,931	15,874	0,000645
Palladium (20) Argent (80)	14,965	14,984	15,409	—
Platine (66) Argent (33)	26,824	26,905	27,400	0,000243
Maillechort du commerce	29,982-34,534	34,688	35,712	0,000273
Nickeline	40,050	40,130	40,450	0,0001
Platinoïde	43,610	43,800	44,590	0,00031
Manganine (Cu = 84; Mn = 12; Ni = 4)	46,678	46,745	47,005	0,00007
Rhéostatine	47,124	47,135	47,176	0,000011
Constantan (Cu = 58; Ni = 41; Mn = 1)	48,3	48,305	48,324	0,000005
Kruppine	83	85,158	99,779	0,0013
Excelsior I	85,6	85,72	91,595	0,0007
Cuivre (68,6) Manganèse (30) Fer (1,3)	108	—	—	—

Tableau II. — *Ordre suivant les cœfficients de température* α

ALLIAGES	Résistivités 0° C	Coefficients moyens α
Constantan	48,3	0,000005
Rhéostatine	47,124	0,000011
Manganine	46,678	0,00007
Nickeline	40,05	0,0001
Platine (66) ; Argent (33)	26,814	0,000243
Maillechort du commerce	29,982—34,534	0,000273
Platinoïde	43,610	0,00031
Cuivre (87) ; Nickel (6,5) ; Aluminium (6,5)	14,912	0,000645
Excelsior I	85,6	0,0007
Kruppine	83	0,0013
Excelsior II	5,79	0,00138
Platine (90) ; Rhodium (10)	13,719	0,00143
Aluminium (94) ; Argent (6)	4,641	0,00238
Silverine	2,064	0,00285
Aluminium (94) ; Cuivre (6)	2,904	0,00381
MÉTAUX	**Résistivités 0° C**	**Coefficients moyens α**
Platine pur doux, recuit	8,248	0,003529
Or pur	1,952	0,00377
Cuivre électrolytique, recuit	1,353	0,00388
Thallium	17,633	0,00398
Argent pur	1,561	0,00400
Zinc	5,751	0,00406
Plomb	20,380	0,00411
Cadmium	10,023	0,00411
Aluminium pur étiré	3,185	0,00423
Etain pur	9,609	0,00440
Fer doux pur recuit	8,659	0,00544
Nickel pur	12,350	0,00622

Les deux parties du tableau II sont particulièrement suggestives par le fait qu'à l'exception du dernier alliage — aluminium (94), cuivre (6) — *tous les alliages ont des coefficients moyens de température inférieurs à ceux des métaux purs.* Cette constatation prouve surabondamment que l'industrie, ne trouvant pas dans les corps simples mis à sa disposition les éléments indispensables à ses travaux particulièrement précis, a été dans l'obligation de créer, pour ses multiples applications, de nombreux composés qui rendent, chaque jour, des services importants.

Disons enfin que Ch. E. Guillaume a trouvé des alliages de nickel ayant non seulement un coefficient de température positif faible mais qu'il en a obtenu ayant un coefficient négatif [1]; C'était déjà le cas pour le *carbone*, (filament des lampes à incandescence) qui a une résistance variant de 4000 à 6000 microhms centimètres, et dont la résistivité *décroît* de $\frac{1}{2000}$ environ de sa valeur quand la température s'élève de 1 degré.

***

Pour qu'il soit possible de juger des facilités que possède actuellement le technicien dans la construction des rhéostats d'étalonnage, nous donnerons, pour quelques fils spéciaux, les données mécaniques et électriques qui permettront le calcul rapide et sûr de toutes résistances.

Table des données électriques concernant les fils pour résistances de la maison Schniewindt d'après les essais du Laboratoire de Charlottenburg.

Résistivités en micromhs-centimètre / *Coefficient de température*	Excelsior I	Constantan	Rhéostatin	Nickelin	Excelsior II
Résistivités en micromhs-centimètre	85,6	48,3	47,124	40,05	5,79
Coefficient de température	0,0007	0,000005	0,000011	0,0001	0,00138
DIAMÈTRE en millimètres	Résistance en ohms, par mètre de longueur				
0,10	—	61	60	51	7,37
0,15	—	27,11	26	22	3,19
0,20	—	15,74	15	13	1,84
0,25	—	9,95	9,5	8	1,22
0,30	—	6,87	6,7	5,6	0,82
0,35	—	5,08	4,9	4,1	0,602
0,40	—	3,87	3,7	3,2	0,460
0,45	—	3,07	2,9	2,5	0,364
0,50	4,4	2,49	2,4	2,0	0,295
0,55	3,8	2,05	1,99	1,68	0,243
0,60	3	1,72	1,67	1,41	0,204
0,65	2,6	1,47	1,42	1,20	0,174
0,70	2,3	1,27	1,23	1,04	0,150
0,75	1,95	1,10	1,07	0,90	0,130
0,80	1,7	0,97	0,94	0,79	0,115
0,85	1,5	0,86	0,83	0,70	0,100

(1) Aciers au nickel à 36 % de nickel (Invar).

Table des données électriques concernant les fils pour résistances de la maison Schniewindt d'après les essais du Laboratoire de Charlottenburg (*Suite*).

Résistivités en micromhs-centimètre ... / *Coefficient de température* ...	Excelsior I 85,6 / 0,0007	Constantan 48,3 / 0,000005	Rhéostatin 47,124 / 0,000011	Nickelin 40,05 / 0,0001	Excelsior II 5,79 / 0,00138
DIAMÈTRE en millimètres	Résistance en ohms, par mètre de longueur				
0,90	1,35	0,77	0,74	0,63	0,091
0,95	1,22	0,69	0,66	0,56	0,080
1,00	1,09	0,62	0,60	0,51	0,0739
1,1	0,86	0,51	0,50	0,42	0,0609
1,2	0,70	0,43	0,42	0,35	0,0513
1,3	0,60	0,37	0,35	0,30	0,0436
1,4	0,51	0,32	0,31	0,26	0,0376
1,5	0,45	0,29	0,27	0,23	0,0328
1,6	0,40	0,24	0,235	0,199	0,0288
1,7	0,35	0,21	0,208	0,176	0,0255
1,8	0,31	0,192	0,186	0,157	0,0228
1,9	0,28	0,172	0,167	0,141	0,0204
2,0	0,25	0,155	0,150	0,127	0,01846
2,1	0,23	0,144	0,137	0,115	0,01673
2,2	0,21	0,131	0,124	0,105	0,01523
2,3	0,19	0,120	0,114	0,096	0,01394
2,4	0,18	0,110	0,105	0,088	0,01280
2,5	0,16	0,099	0,096	0,081	0,01183
2,6	0,15	0,094	0,089	0,075	0,01091
2,7	0,14	0,087	0,082	0,070	0,01011
2,8	0,13	0,081	0,077	0,065	0,00943
2,9	0,12	0,075	0,072	0,061	0,00877
3,0	0,11	0,069	0,067	0,057	0,00819

Table des données mécaniques concernant les fils pour résistances de la maison Schniewindt

Excelsior I. — Constantan. — Rhéostatin. — Nickelin. — Excelsior II.

DIAMÈTRE en millimètres	SECTION en mm²	LONGUEUR en mètres par kilogramme	POIDS en kilogs pour 100 m.
0,10	0,008	14.700	0,0068
0,15	0,018	6.579	0,0152
0,20	0,031	3.704	0,0270
0,25	0,049	2.370	0,0422
0,30	0,071	1.645	0,0607
0,35	0,095	1.206	0,0827
0,40	0,126	925	0,1080
0,45	0,159	732	0,1367
0,50	0,196	583	0,1688
0,55	0,238	489	0,2043

Table des données mécaniques concernant les fils pour résistances de la maison Schniewindt (*Suite*).

Excelsior I. — Constantan. — Rhéostatin. — Nickelin. — Excelsior II.

DIAMÈTRE en millimètres	SECTION en mm2	LONGUEUR en mètres par kilogramme	POIDS en kilogs pour 100 m.
0,60	0,283	411	0,2431
0,65	0,332	350	0,2853
0,70	0,385	300	0,3309
0,75	0,442	263	0,3799
0,80	0,503	231	0,4322
0,85	0,568	204	0,4880
0,90	0,636	182	0,5471
0,95	0,709	164	0,6095
1,00	0,785	148	0,6754
1,1	0,950	122	0,8157
1,2	1,131	100	1,1000
1,3	1,328	85	1,1800
1,4	1,539	73.50	1,3795
1,5	1,767	64	1,5197
1,6	2,009	56,25	1,7805
1,7	2,270	49,50	2,0000
1,8	2,545	44	2,2745
1,9	2,835	39,75	2,5070
2,0	3,141	36	2,7018
2,1	3,464	31,10	3,2145
2,2	3,801	29.40	3,3575
2,3	4,155	27.40	3,6465
2,4	4,524	25	3,9865
2,5	4,909	23.50	4,2221
2,6	5,309	21	4,6400
2,7	5,725	19,80	5,0100
2,8	6,158	18.45	5,4200
2,9	6,605	17,20	5,8100
3,0	7,069	15,75	6,4316

Les courbes figures 28 et 29 donnent les intensités maximales admissibles lors de l'utilisation des fils spéciaux pour résistances dont nous venons d'indiquer les principales carastéristiques.

Calcul des rhéostats et choix des formes des fils résistants. — Lorsqu'on a le cas d'une résistance devant rester constamment en circuit et que l'on a choisi un fil de section circulaire isolé dans l'air, pour que sa surface permette de dissiper la chaleur développée par le courant W, soit l'énergie par seconde à absorber dans la résistance (RI^2), la surface de rayonnement S ayant pour valeur $S = \pi dl$, il

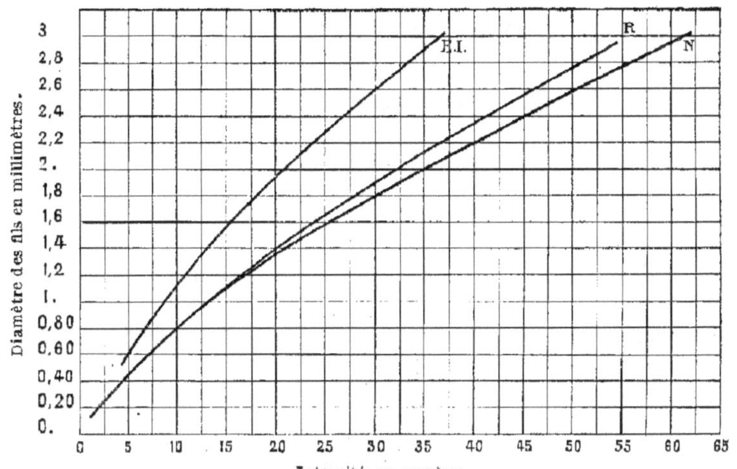

E. I = Excelsior I. — R = Rhéostatin et Constantan. — N = Nickelin.

Fig. 28. — *Intensités maximales admissibles lors de l'utilisation des fils spéciaux pour résistances, de la maison Schniewindt.*

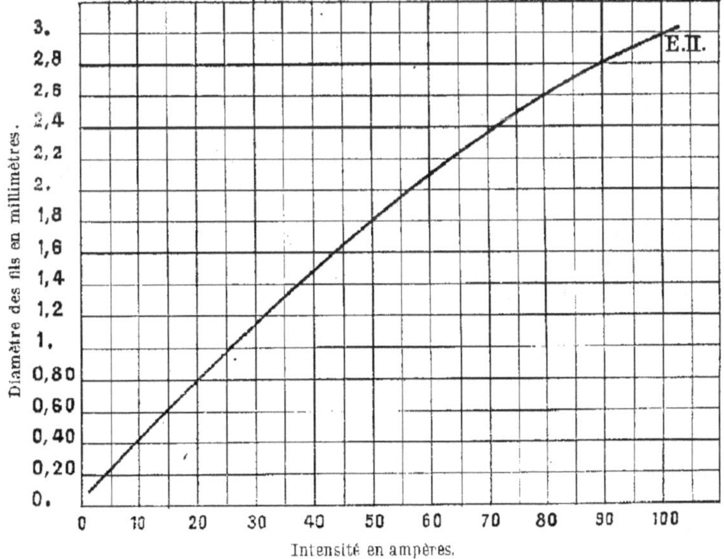

E. II = Excelsior II.

Fig. 29. — *Intensités maximales admissibles lors de l'utilisation des fils spéciaux pour résistances, de la maison Schniewindt.*

faut que le nombre de watts dissipés par centimètre carré ait pour expression :

$$\frac{W}{S} = \frac{4\,\rho I^2}{\pi^2 d^3} = k$$

Cette équation s'obtient en exprimant R en fonction des dimensions du fil :

$$W = \frac{4\rho l}{\pi d^2}\, I^2 \text{ watts}$$

d étant le diamètre et l la longueur du fil en centimètres et ρ sa résistance spécifique en ohms-centimètre.

Le coefficient k dépend du diamètre du fil, de l'état de sa surface et de la température de régime que l'on désire obtenir.

Voici, d'après Pontcharra, quelques valeurs de k pour des rhéostats industriels :

d en mm.	Valeurs de k pour des températures de régime de :				
	50° C	100° C	150° C	200° B	250° C
0,5	0,5	1,4	2,5	3,7	5,2
1,0	0,2	0,55	1,1	1,7	2,3
2,0	0,12	0,4	0,7	1,1	1,4

Pour fixer les idées, illustrons ces différentes formules d'un exemple :

Prenons un fil de cuivre de 1 mm de diamètre et admettons d'y faire passer un courant de 29,2 ampères.

La résistance d'un mètre de cuivre de 1 mm de diamètre = 0,020342.

Notre première formule :

$$W = RI^2$$

soit l'énergie par seconde à absorber par notre fil, donne :

$$W = 0{,}020342 \times 852{,}64 = 17{,}3444 \text{ watts}$$

S, surface de rayonnement, est dans notre cas 31 $^{cm^2}$ 4 ; nous aurons donc pour $\frac{W}{S}$, c'est-à-dire-comme watts par centimètre carré de surface, $\frac{17{,}3344}{31{,}4} = 0{,}55$ watt.

Or :

$$\frac{W}{S} = \frac{4\rho I^2}{\pi^2 d^3} = 0{,}55 \text{ watts.}$$

ρ, résistivité du cuivre, peut être admise à 1,592 microhm-centimètre. Le numérateur du second membre de l'égalité donnera donc :

$$4 \times 1{,}592 \times 852{,}64 = \frac{5427.21}{1.000.000} = 0{,}00542721$$

Le dénominateur, $\pi^2 d^3 = 9{,}87 \times 0{,}001$ cm $= 0{,}00987$.

Le rapport $\frac{0{,}00542721}{0{,}00987} = 0{,}55$ watt, comme précédemment.

Enfin

$$\frac{W}{S} = \frac{4\rho I^2}{\pi^2 d^3} = k$$

Or k, d'après le tableau, pour un fil de 1 mm de diamètre, à la température de 100° C, a justement comme valeur 0,55.

Avec un courant de 29,2 ampères, un fil de cuivre de 1 mm de diamètre peut donc dissiper 0,55 watt par centimètre carré de surface de rayonnement et arrive à une température de 100° C.

* * *

Mais une chose frappe tout d'abord dans l'emploi des formules précédentes : c'est que, dans la dissipation de la chaleur, on ne tient compte que de la surface extérieure du fil qui est un rapport simple du rayon du fil : $\pi 2r$ par la longueur, tandis que, dans les calculs de la densité de courant à admettre dans un fil, on tient compte de la section, qui est un rapport au carré du rayon πr^2 ; il en résulte forcément que la dissipation de la chaleur est proportionnellement plus faible au fur et à mesure que s'augmente le diamètre du fil.

Il y a donc avantage à prendre les diamètres les plus petits possible et à prévoir plusieurs fils en parallèles lors d'intensités élevées. Mais alors la construction devient plus onéreuse et l'économie disparaît en tout ou partie.

Il est un moyen bien meilleur de concilier ces divers desiderata ; c'est d'utiliser, non pas des fils (sections circulaires), mais des lames qui peuvent être choisies minces et permettent de dissiper des quantités notablement plus considérables.

Un fil de 5 mm de diamètre n'a comme surface de rayonnement que sa circonférence, soit 15mm70, tandis qu'une lame de même section (19mm²625), de 23 mm de largeur, et de 47 mm de surface extérieure, pourra rayonner trois fois plus.

Il y a donc grand avantage, dans la construction des résistances d'absorption, à utiliser des lames et non des fils, et nous donnerons, dans les tableaux suivants, les données électriques et mécaniques relatives à quelques alliages, ainsi que des renseignements sur les *toiles métalliques* utilisées soit pour des rhéostats de réglage, soit comme résistances de chauffage.

Données mécaniques et électriques relatives à des lames de rhéostatin.

Résistivité en microhms-centimètre : 47.

Coefficient de température : $\pm$ 0,00001. — *Poids spécifique* : 8,78.

Nos	Intensité maximum en ampères	Largeur de la lame en millimètres	Longueur en mètres	Longueur en mètres	Résistance	Résistance
1	8	2,80	200	197	0,92	1
2	6	2,70	400	360	1,80	2
3	5	2,10	575	520	2,70	3
4	3,5	2	675	565	3,20	4
5	2	1,80	915	875	4,35	5
7,5	1	1,50	1.425	1.250	6,45	7,5
10	0,8	1,30	1.700	1.435	8,25	10
12,5	0,7	1,20	2.170	1.850	10,50	12,5
15	0,6	1	3.000	2.700	13,25	15
17,5	0,5	0,80	3.300	2.750	14,50	17,5
20	0,4	0,75	4.000	3.650	17,75	20
25	0,36	0,70	5.000	4.450	21,50	25
30	0,31	0,65	6.000	5.475	26	30
40	0,28	0,55	7.625	6.825	35,75	40
50	0,25	0,50	10.000	9.200	45,50	50
60	0,20	0,45	11.350	10.600	54,50	60
80	0,17	0,35	14.400	12.350	68,90	80
100	0,15	0,30	19.050	16.900	89	100
125	0,07	0,28	24.000	21.250	109	125
150	0,05	0,25	30.000	25.500	127,50	150
200	0,04	0,20	38.200	33.900	176,20	200
300	0,03	0,18	56.000	51.000	253	300
400	0,02	0,16	73.400	67.300	355	400
500	0,015	0,14	100.000	92.000	445	500
600	0,01	0,13	115.000	111.100	560	600
700	0,008	0,12	150.000	140.000	670	700

Toiles métalliques
pour résistances de réglage et de chauffage

Pour arriver à une meilleure et plus complète utilisation des fils métalliques employés dans les résistances, aussi bien lorsqu'il s'agit de rhéostats de réglage que de mise en marche pour moteurs, chauffage domestique, etc., les constructeurs ont imaginé de combiner des toiles formées par une trame en fil résistant et une chaîne en fil d'amiante.

Les fils ne sont pas jointifs mais espacés comme dans un tamis. Cette disposition, adoptée notamment aux usines du Pied-Selle (Ardennes), assure, avec le maximum de ventilation, un isolement parfait et permet de réaliser sous le plus petit volume une grande résistance, sans crainte de contact ou d'échauffement anormal. A ces deux points de vue, les fabricants estiment que les toiles donnent des résultats supérieurs à ceux qu'on obtient avec le montage des fils en boudins.

Afin que l'on puisse juger des avantages de ces *toiles résistantes*, nous donnerons un certain nombre de renseignements concernant les produits de la manufacture de Pied-Selle qui s'est fait une spécialité de ces produits :

1er **Tableau.** — *Toiles résistantes en rhéostatine C.*

FILS NUS				FILS COUVERTS D'AMIANTE			
Nos de la toile	Diamètre du fil en millimètres	Hauteur de la toile en millimètres	Résistance en ohms pour une largeur de 100 %	Nos de la toile	Diamètre du fil en millimètres	Hauteur de la toile en millimètres	Résistance en ohms pour une largeur de 100 %
200	0,20	50	76,50	300	0,20	50	34,50
201	—	75	110	301	—	75	49,50
202	—	100	140	302	—	100	63
203	—	150	191	303	—	150	86
204	—	200	235	304	—	200	106
205	0,25	50	47,50	305	0,25	50	23,75
206	—	75	67,50	306	—	75	33,75
207	—	100	86	307	—	100	43
208	—	150	118	308	—	150	59
209	—	200	145	309	—	200	72,50

1er Tableau. — *Toiles résistantes en rhéostatine C (Suite).*

FILS NUS				FILS COUVERTS D'AMIANTE			
Nos de la toile	Diamètre du fil en millimètres	Hauteur de la toile en millimètres	Résistance en ohms pour une largeur de 100 %	Nos de la toile	Diamètre du fil en millimètres	Hauteur de la toile en millimètres	Résistance en ohms sur une largeur de 100 %
210	0,30	50	31,80	310	0,30	50	17,50
211	—	75	45,80	311	—	75	25,20
212	—	100	57,50	312	—	100	31,60
213	—	150	78	313	—	150	43
214	—	200	96	314	—	200	53
215	0,35	100	31,50	315	0,35	100	18,90
216	—	150	46	316	—	150	27,60
217	—	200	59	317	—	200	35,40
218	—	250	72	318	—	250	43,20
219	—	300	85	319	—	300	51
220	0,40	100	22,30	320	0,40	100	14,50
221	—	150	32,70	321	—	150	21,20
222	—	200	42	322	—	200	27,30
223	—	250	51	323	—	250	33,10
224	—	300	60	324	—	300	39
225	0,45	100	16,80	325	0,45	100	11,25
226	—	150	24,60	326	—	150	16,50
227	—	200	31,30	327	—	200	21
228	—	250	38,30	328	—	250	25,60
229	—	300	45	329	—	300	30,20
230	0,50	100	12,70	330	0,50	100	8,89
231	—	150	18,50	331	—	150	12,95
232	—	200	23,50	332	—	200	16,45
233	—	250	28,70	333	—	250	20,09
234	—	300	33,50	334	—	300	23,45
235	0,55	100	9,85	335	0,55	100	7,10
236	—	150	14,30	336	—	150	10,30
237	—	200	18,10	337	—	200	13
238	—	250	22	338	—	250	15,80
239	—	300	25,70	339	—	300	18,50
240	0,60	100	7,65	340	0,60	100	5,75
241	—	150	11,05	341	—	150	8,30
242	—	200	14	342	—	200	10,50
243	—	250	16,90	343	—	250	12,70
244	—	300	19,70	344	—	300	14,80
245	0,65	200	11,55	345	0,65	200	8,90
246	—	250	13,90	346	—	250	10,70
247	—	300	15,50	347	—	300	11,90
248	—	400	18,80	348	—	400	14,50
249	—	500	20,50	349	—	500	15,80
250	0,70	200	9	350	0,70	200	7,20
251	—	250	10,70	351	—	250	8,56
252	—	300	12,20	352	—	300	9,76
253	—	400	15	353	—	400	12

1er Tableau. — *Toiles résistantes en rhéostatine C (Suite).*

FILS NUS				FILS COUVERTS D'AMIANTE			
Nos de la toile	Diamètre du fil en millimètres	Hauteur de la toile en millimètres	Résistance en ohms pour une largeur de 100 %	Nos de la toile	Diamètre du fil en millimètres	Hauteur de la toile en millimètres	Résistance en ohms sur une largeur de 100 %
254	—	500	16,75	354	—	500	13,40
255	0,80	200	6,30	355	0,80	200	5,35
256	—	250	7,55	356	—	250	6,40
257	—	300	8,60	357	—	300	7,30
258	—	400	10,60	358	—	400	9
259	—	500	12,10	359	—	500	10,30
260	0,90	200	4,47	360	0,90	200	3,90
261	—	250	5,35	361	—	250	4,65
262	—	300	6,25	362	—	300	5,45
263	—	400	7,80	363	—	400	6,80
264	—	500	9	364	—	500	7,85
265	1,00	200	3,16	365	1,00	200	2,84
266	—	250	3,86	366	—	250	3,47
267	—	300	4,52	367	—	300	4,07
268	—	400	5,70	368	—	400	5,18
269	—	500	6,80	369	—	500	6,12

Tableau II

Intensités admissibles de courant dans les toiles résistantes

Diam. en %	INTENSITÉ EN AMPÈRES					
	Rhéostatine B			Rhéostatine C		
	Fil nu	Rapporté à un millimètre carré de section	Fil couvert	Fil nu	Rapporté à un millimètre carré de section	Fil couvert
0,20	0,75	24	0,60	1	31,85	0,80
0,25	1	20,4	0,80	1,25	25,50	1
0,30	1,25	18	1	1,50	21,45	1,30
0,35	1,50	15,6	1,20	2	20,70	1,80
0,40	1,75	13,95	1,45	2,30	18,30	2,10
0,45	2	12,5	1,70	2,60	16,30	2,40
0,50	2,25	11,46	1,95	2,90	14,77	2,70
0,55	2,50		2,20	3,20		3
0,60	2,75		2,45	3,50		3,30
0,65	3		2,70	3,90		3,60
0,70	3,25		2,95	4,30		3,90
0,75	3,50		3,20	4,70		4,20

Tableau II

Intensités admissibles de courant dans les toiles résistantes (Suite).

Diam. en %	INTENSITÉ EN AMPÈRES					
	Rhéostatine B			Rhéostatine C		
	Fil nu	Rapporté à un millimètre carré de section	Fil couvert	Fil nu	Rapporté à un millimètre carré de section	Fil couvert
0,80	3,75		3,45	5		4,50
0,85	4		3,70	5,30		4,80
0,90	4,30		3,95	5,60		5,10
1	5	6.37	4,45	6,40	8,15	5,90
1,1	5,50		4,95	7,20		6,30
1,2	6		5,45	8		7
1,3	6,60		5,95	8,80		7,70
1,4	7,25		6,50	9,60		8,40
1,5	7,85		7	10,40		9,10
1,6	8,50		7,50	11,20		9,80
1,7	9,15		8	12		10,60
1,8	9,80		8,50	12,90		11,40
1,9	10,40		9	13,80		12,20
2	11	3,5	9,60	14,70	4,68	13
2,1	11,60		10,20	15,60		13,80
2,2	12,20		10,80	16,50		14,60
2,3	12,80		11,40	17,40		15,40
2,4	13,50		12	18,30		16,20
2.5	14,20		12,60	19,10		17
2,6	14,90		13,20	20,10		17,80
2,7	15,60		13,80	21		18,60
2,8	16,50		14,40	22		19,40
2,9	17		15,10	23		20,20
3	17,80	2,5	15,90	24	3,4	21
3,5	22,50		20	30		26,50
4	28,50	2,27	25,50	38	3,02	34
4,5	37		32	49		43
5	46	2,3	41	61	3,1	55

Il est certain que l'intensité du courant maximum à admettre pour éviter un échauffement anormal dépend de plusieurs facteurs : montage, ventilation, durée du passage du courant, etc. Le tableau II donne, à titre d'indication, les intensités qu'on peut admettre normalement dans de bonnes conditions de ventilation. Pour le chauffage, on peut prendre des intensités plus élevées.

* * *

Rubans résistants pour résistances de réglage et de chauffage

Ces rubans sont fabriqués de la même façon que les toiles résistantes, mais, tandis que chaque toile, avec ses sorties et ses bordures terminales, constitue un élément de résistance bien déterminé dont nous avons donné les constantes, le ruban résistant, au contraire, se débite en longueur quelconque, comme s'il s'agissait d'un tissu ordinaire.

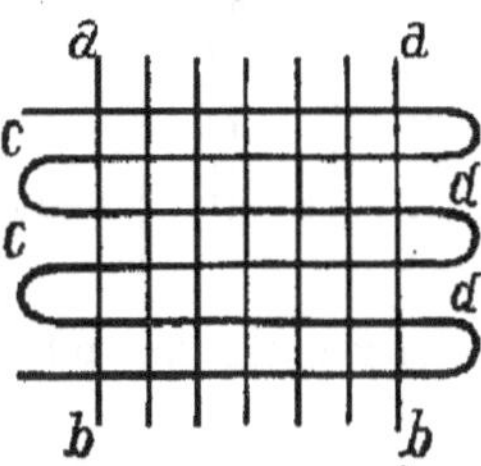

Fig. 30. — *Trame du tissu pour résistances.*

Afin de permettre de faire des prises de courant en un point quelconque du ruban, à partir de 4/10, le fil de trame en rhéostatine *cd*, au lieu de se replier sur les lisières, exactement contre le fil de chaîne en amiante *ab*, déborde de chaque côté, formant ainsi des boucles *c* et *d* d'environ 5 mm sur lesquelles il est très facile de faire des connexions (fig. 30).

En se rapportant aux indications des tableaux III et IV, il suffira, pour construire rapidement et économiquement toutes sortes de rhéostats, de couper les longueurs de *ruban* proportionnelles aux résistances à obtenir.

Tableau III

Rubans en rhéostatine C

DIAMÈTRE du fil en millim.	LARGEUR du RUBAN 100 %	LARGEUR du RUBAN 200 %	DIAMÈTRE du fil en millimètres	LARGEUR du RUBAN 200 %	LARGEUR du RUBAN 300 %
	Résistance en ohms par mètre			Résistance en ohms par mètre	
0,20	1320	2160	0,60	121	155
0,30	474	770	0,70	79	103
0,40	220	355	0,80	55	70
0,50	124	200	0,90	40	50,5
—	—	—	1	30	39,5

Tableau IV

Rubans en rhéostatine D

DIAMÈTRE du fil en millimètre	LARGEUR du RUBAN			DIAMÈTRE du fil en millimètre	LARGEUR du RUBAN		
	100 m/m	150 m/m	200 m/m		150 m/m	200 m/m	250 m/m
	Résistance en ohms par mètre				Résistance en ohms par mètre		
0,20	700	925	1150	0,55	70	87	105
0,25	420	575	700	0,60	53	68	82
0,30	280	380	460	0,65	43	55	67
0,35	150	220	280	0,70	34	45	52
0,40	110	160	200	0,80	24	31	37
0,45	80	115	150	0,90	17	21	26
0,50	62	90	115	1,	12	15	18

Enfin, comme constantes générales concernant les fils nus de rhéostatine, disons que :

Pour la rhéostatine B, la résistivité = 86 microhms-centimètre, le coefficient de température = 0,0007, la densité 8,10 ;

Pour la rhéostatine C, la résistivité = 48 microhms-centimètre, le coefficient de température 0,000011, la densité = 8,50.

* * *

Résistances en fer de l'A. E. G. pour la compensation automatique des variations de voltage

Les variations de la lumière dans les voitures de tramways éclairées électriquement, proviennent de l'irrégularité de voltage de la ligne d'alimentation, mais on peut les éviter grâce à l'emploi de résistances en fer convenablement choisies.

De telles résistances peuvent absorber des variations de tension assez grandes, tout en conservant l'intensité constante. Ceci est la conséquence d'une qualité du fer, suivant laquelle sa résistance électrique croît très rapidement avec l'élévation de la température, dès que celle d'environ 400° est atteinte.

Si l'on applique à un fil de fer un voltage croissant, le courant augmente d'abord en même temps que la tension et le fil s'échauffe.

Lorsque, par suite de l'élévation progressive de la température, le fil arrive à environ 400°, sa résistance augmente si rapidement que l'intensité du courant n'augmente plus, mais reste constante malgré la continuation de l'augmentation du voltage.

Ce phénomène continue jusqu'à une température d'environ 700°, à partir de laquelle le courant recommence à augmenter lorsque le voltage s'élève. La courbe de la figure 31 montre ces variations ;

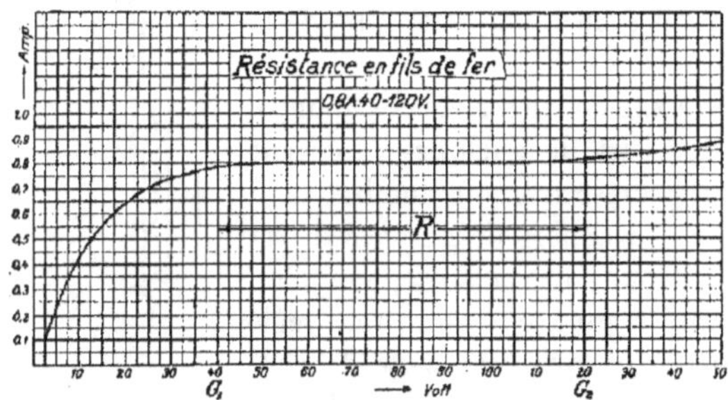

Fig. 31. — *Variations de l'intensité en fonction du voltage.*

l'intensité augmente jusqu'à ce que le voltage dans la résistance en fer ait pris une valeur G^1, reste ensuite constante jusqu'à la valeur G^2, d'où elle recommence à s'élever.

Entre les limites G^1 et G^2, le voltage peut donc varier sans que l'intensité du courant en soit affectée. La résistance en fer est donc complètement caractérisée par son espace de réglage et par l'intensité qu'elle doit régler. En pratique, l'espace de réglage doit être choisi égal à la différence qui existe entre le plus bas et le plus haut voltage pouvant se produire, l'intensité d'après le genre des appareils consommateurs de courant.

Comme le fer n'acquiert sa forte variation de résistance qu'après avoir atteint une certaine température, déjà passablement élevée, il est clair qu'il doit déjà absorber une certaine tension fondamentale avant de pouvoir remplir ses fonctions de régulateur. Cette tension doit être soustraite du voltage le plus bas qui se présente en service, en sorte qu'on ne dispose plus pour les lampes que d'un voltage un peu plus faible que celui pour lequel elles doivent être établies.

Les essais ont démontré que cette tension fondamentale peut être admise à la moitié de l'espace de réglage de la résistance.

Ce résultat permet de fixer, d'une manière simple, les lampes et résistances qui se conviennent le mieux pour une variation donnée de voltage.

Lors de l'utilisation de telles résistances, il faut toujours avoir présent à l'esprit qu'elles ne peuvent développer toute leur faculté de réglage que si leur espace de réglage correspond exactement aux variations de voltage qui se présentent et si leur intensité correspond tout à fait avec celle de la lampe.

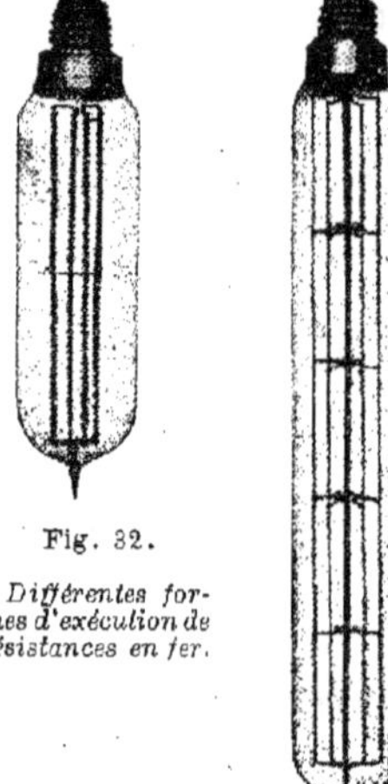

Fig. 32.

Différentes formes d'exécution de résistances en fer.

En effet, l'examen de la courbe montre que, pour un écart de quelques pour-cent de l'intensité prescrite, on tombe déjà complètement en dehors de l'espace de réglage. Il faut donc faire en sorte, lorsqu'on place les lampes dont le courant sera réglé par les résistances, que l'intensité de courant, dans tout le système, soit celle correspondant à la partie *activée* des résistances avec une tolérance de 2 à 3 % tout au plus.

Les résistances sont constituées par des fils ou des rubans montés sur support en matières résistant à la chaleur. Le tout est enfermé dans une ampoule en verre analogue à celles des lampes à incandescence, et cette ampoule est remplie d'un gaz indifférent raréfié, pour éviter que les fils ne se brûlent (fig. 32).

En choisissant d'une manière convenable les lampes et les résistances, on évite non seulement les variations désagréables de l'intensité lumineuse, mais on ménage encore les lampes, ce qui compense rapidement le coût des résistances.

TABLE DES MATIÈRES

CHAPITRE PREMIER

LES FERS ET ACIERS EMPLOYÉS EN ÉLECTROTECHNIQUE

CHAPITRE II

CHARBONS AGGLOMÉRÉS POUR L'ÉLECTRICITÉ

CHAPITRE III

FILAMENTS POUR LAMPES A INCANDESCENCE

CHAPITRE IV

MÉTAUX ET ALLIAGES UTILISÉS POUR LES RÉSISTANCES

Par & Imp. L. GEISLER
aux CHATELLES, par Raon-l'Étape (Vosges)
1, rue de Médicis, Paris.

Encyclopédie Électrotechnique

PAR

Un Comité d'Ingénieurs Spécialistes

M. F. LOPPÉ

INGÉNIEUR DES ARTS ET MANUFACTURES

Secrétaire

TITRES DES FASCICULES

1. Électrostatique.
2. Courant électrique. — Résistance. — Loi de Ohm. — Théorie des ions.
3. Magnétisme et électromagnétisme 1re partie.
4. — — 2e partie.
5. Induction. — Théorie des courants alternatifs et polyphasés.
6. Courbes de tension et de courant. — Oscillographe.
7. Historique. — Unités. — Système C. G. S. — Les erreurs.
8. Lois de l'électrolyse.
9. Piles électriques.
10. Wattmètres.
11. Dynamos à courant alternatif. — Théorie et enroulements.
12. Dynamos à c. a., calcul, construction.
13. Dynamos à c. c. — Théorie et enroulement.
14. Dynamos à courant continu. — Calcul et construction.
15. Transformateurs.
16. Transformation des courants. — Permutatrices. — Commutatrices, etc.
17. Accumulateurs électriques. 1re partie.
18. Accumulateurs électriques. 2e partie.
19. Emploi des accumulateurs.
20. Mesures électriques et appareils 1re partie.
21. — — — 2e partie.
22. — — — 3e partie.
23. Les isolants employés dans la pratique.
24. Câbles, construction.
25. Câbles, pose et essais.
26. Lignes aériennes.
27. Lignes aériennes.
28. Limiteurs de tension. — Parafoudres.
29. Appareillage d'interruption.
30. Lampes à incandescence.
31. Lampes à arc.
32. Moteurs à courant continu.
33. Moteurs à courant alternatif.
34. Distribution. — Transport de l'énergie.
35. Les machines électriques alternatives à collecteurs. — Commutations. — Moteurs à répulsion. — Moteurs compensés.
36. Construction d'une usine centrale à vapeur. — Choix des moteurs. — Étude comparative.
37. Construction d'une usine centrale hydraulique. — Turbines de divers systèmes.
38. Réglage mécanique et électrique. — Tableaux de distribution. — Compoundage des groupes électrogènes.
39. Réglage mécanique et électrique, etc. 2e partie.
40. Exploitation d'une usine centrale. — Courbes d'exploitation. — Dispositifs permettant l'utilisation intégrale de la puissance d'une chute d'eau. — Prix de revient de l'énergie.
41. Emploi particulier de l'électricité dans les mines et les laminoirs.
42. Appareillages. — Installations. — Règlement intérieur des Cies.
43. Essais des machines électriques. — Mesures mécaniques.
44. Électrochimie.
45. Fours électriques.
46. Emplois divers de l'électricité. — Signaux. — Téléphonie. — Télégraphie. — Rayons X.
47. Essai des machines à courant continu.
48. Essai des machines à courant alternatif.
49. Traction électrique terrestre et sur canaux à courant continu.
50. Traction électrique terrestre et sur canaux à courant alternatif.
51. Électricité médicale.
52. Télégraphie et téléphonie.
53. Précis de législation de l'électricité avec les textes des lois, décrets et arrêtés actuellement en vigueur.
54. Les Théories modernes de l'électricité.

Les Fascicules 1, 2, 4, 10, 19, 43, 53 déjà parus.

Chaque fascicule sera indépendant et comprendra au moins 100 pages, format grand in-8° raisin, avec de nombreuses figures intercalées dans le texte.

Prix de chaque fascicule **2.50**

Prix de souscription à l'ouvrage complet : **115 francs.**

MODE DE PAIEMENT : **10** fr. en souscrivant et **10** fr. au fur et à mesure de l'apparition de **5** fascicules. — **10 %** de réduction pour le paiement comptant de la souscription complète.

Pap., Grav. et Imp. L. Geisler, aux Châtelles, par Raon-l'Étape (Vosges).

www.ingramcontent.com/pod-product-compliance
Lightning Source LLC
LaVergne TN
LVHW012020220826
846092LV00001B/426

* 9 7 8 2 3 2 9 7 5 2 2 1 1 *